Trauma and Memory

Brain and Body in a Search for the Living Past: A Practical Guide for Understanding and Working with Traumatic Memory

記憶裡的傷，要如何好起來？

走出創傷記憶，讓過往傷痛撥雲見日，
不再反覆糾纏

彼得．列文——著　徐曉珮——譯
Peter A. Levine, PhD

好評推薦

「彼得・列文在又一部重要的著作中解構了創傷記憶，讓創傷更容易療癒與轉化。他幫助了我們，不管是治療師還是個案，從有限的過去走向我們的歸屬：充滿力量的現在。」

——嘉柏・麥特醫師（Gabor Maté），著有《癮，駛往地獄的列車，該如何跳下？》與《當身體說不的時候》

「我們大部分的生命可以說都要接受自動模式的大腦支配，對於那些經驗過嚴重創傷的人來說，情況只會更加嚴重。治療大師彼得・列文以深入且洞察的角度，撰寫了關於程序性記憶的心理生物動力學，並提供了重要的工具，讓治療師得以進行創傷記憶的轉化。此外，本書的文字與豐富的舉例非常容易理解，專業與非專業人士都能受益於其中的智慧。」

——史丹・塔特金（Stan Tatkin），心理學博士、婚姻及家庭治療師，著有《大腦依戀障礙》，PACT 協會創始人

「透過本書，列文博士為創傷治療做出另一項重大貢獻。他運用已經建立的神經科學，以清楚易懂的詞彙解釋了各種記憶的類型、記憶的神經基礎，以及記憶在創傷治療中扮演的角色。不管是希望能夠精進技術的臨床醫師、希望更深入理解心智與大腦如何造成與療癒創傷的一般人，或是希望了解現代神經科學在身體定向心理治療處理創傷的過程中產生何種影響的科學家，本書都是無價之寶。」

——彼得・佩恩（Peter Payne）與瑪蒂・克瑞恩葛楚博士（Mardi Crane-Godreau），達特茅斯蓋澤爾醫學院研究員

記憶是靈魂的書寫

——亞里斯多德（Aristotle）

誌謝

在與創傷記憶這個複雜主題奮鬥，並努力使其變得容易理解與應用的過程中，我要向我的主編蘿拉・雷加布托（Laura Regalbuto）表達特別深切的感謝。她的貢獻其實遠遠超越編輯的角色，因為她不斷地挑戰並推動我往更加清楚、連貫與簡單的方向前進。蘿拉，在這條發現、理解與溝通的漫長道路上，妳一直是我的搭檔與旅伴。多半從事幕後工作的賈斯汀・史內夫利（Justin Snavely），感謝你提供出色的技術與插圖方面的協助。

感謝北大西洋圖書公司（NAB）的合作夥伴，特別是專案經理艾琳・維根（Erin Wiegand）。雖然我們無法在每個編輯觀點上有一致的看法，但總是對彼此充滿善意與尊重，努力完成合作。此外，我還要對蘿倫・哈里森（Lauren Harrison）的文案編輯，以及NAB美編人員在封面設計與排版上提供的協助表達感謝。

最後，感謝北大西洋圖書公司創始人理查・格羅辛格（Richard Grossinger）：推廣高品質的療癒書籍是你一生的志業。希望你與ＮＡＢ能繼續往這個獨立開拓的方向前進。許多過去被認為是「邊緣」的書籍，現在已經成為復興主流的一部分，有很大一部分必須歸功於你的遠見與承諾。

目錄

contents

TRAUMA
and
MEMORY

推薦序

創傷記憶研究在心理學與精神病學領域有著悠久的歷史，至少可以追溯至一八七〇年代的巴黎，神經學之父讓馬丁・沙可（Jean-Martin Charcot）對於硝石庫慈善醫院病房裡歇斯底里的病人，為何會發生癱瘓、抽搐、昏厥、突然崩潰、瘋狂大笑與大哭的狀態十分感興趣。沙可與他的學生逐漸了解，這些怪異的動作與身體姿勢，是創傷的身體印記。

一八八九年，沙可的學生皮爾・珍妮特（Pierre Janet）寫了第一本與我們現在所謂創傷後壓力症候群相關的《心理學無意識行為》❶一書。他在書中指出，創傷儲存於程序性記憶中——存在於自發動作與反應，以及感官與態度之中，同時創傷會以身體內部的內臟覺（焦慮與恐慌）、身體動作或視覺意象（夢魘與閃回）等形式重現與重演。珍妮特將記憶這個議題放在創傷處理的首要與中心位置，只有在情緒淹沒狀態干擾正確記憶處理時，事件才會變成創傷。之後，受到創傷的患者會在遇到觸發創傷的事件時，產生與最初威脅相應的緊急反應，但現在的這些反應看來完全不合時宜——像是水杯掉在地上時驚慌失措躲到桌子下，或是聽到小孩哭就大發雷霆。

一個多世紀以來，我們已經了解，創傷的印記不是儲存為過去發生壞事的敘事，而是變成遭遇當下生命威脅體驗到的生理感官。在這段時間裡，我們逐漸明白一般記憶（隨著時間過去而改變與消褪的故事）及創傷記憶（伴隨強烈負面情緒，例如恐懼、羞恥、憤怒與崩潰，反復出現的感官與動作）之間的不同，是負責創造「自傳式記憶」的大腦系統崩潰的結果❷。

珍妮特還指出，受到創傷的人會陷入過去出不來，他們會固著於那些自己有意識地想要拋掉的恐懼，但是表現出的行為與感覺又彷彿恐懼一直存在。在無法放下創傷的情況下，如果不想讓情緒失控，就必須付出代價，放棄照顧當下的需求，能量也因此消耗殆盡。珍妮特與他的同事從痛苦的經驗中了解到，他們所照顧的那些受到創傷的女性，無法透過推理或洞察，以及行為矯正或懲罰，來療癒創傷，但她們卻能對催眠暗示做出反應，藉由在

---

❶ 皮爾・珍妮特（Pierre Janet）所著的《心理學無意識行為》（*L'automatisme psychologique: Essai de psychologie expérimentale sur les formes Inférieures de l'activité humaine*）。

❷ 貝塞爾・范德寇（Bessel van der Kolk）所著的《心靈的傷，身體會記住》（*The Body Keeps the Score*）。

催眠失神狀態下重溫創傷事件來解決創傷。在腦海中安全地重演過去發生的事件，然後建構出一個想像中令人滿意的結果——是他們在最初的事件中，因為被無助與恐懼淹沒而無法做到的狀態。他們開始可以充分理解到，事實上自己已經在創傷中倖存下來，而且可以恢復並繼續原有的生活。

大約二十五年前，我第一次見到彼得・列文，以為自己遇見了一位古老魔法師轉世，因為我曾經在老醫院圖書館書堆裡的許多發霉手稿中，熟讀這位大師的著作。彼得不像古早照片裡那樣繫著領結、穿著晚禮服，而是身著雷鬼歌手巴布・馬利（Bob Marley）的T恤與短褲，站在加州大蘇爾埃薩倫研究所（Esalen Institute）的草坪上。彼得表示，他對創傷有著完全的理解，認為這是身體上的印記，療癒創傷就必須創造一種受到保護的失神狀態，可以從中安全地觀察可怕的過去。然後他添加了探索創傷精微生理印記的關鍵要素，並專注於身體與心靈的重新連結。

這立刻就引起了我的興趣。從最早研究創傷壓力的學生開始，一直到最新的神經科學研究，科學家已經注意到身體動作與記憶之間的重要關係。人類有機體被壓垮而產生無助與癱瘓反應時，這個經驗就會成為創傷——因為不管做什麼都無法改變事件的結果，所以整個系統就會崩潰。

甚至佛洛伊德（Sigmund Freud）也對創傷與身體動作之間的關係很感興趣。他認為，人們不斷重複創傷的原因，是由於他們無法完全記得發生過什麼。因為記憶受到壓抑，患者「被迫將這些被壓抑的素材視為當下的經驗不斷重複，而無法……記得這件事其實已經屬於過去。」❸

如果一個人不記得，就很可能會以身體行動表現出來：「他不是將之複製為記憶，而是複製成行動；他會不斷重複，而且當然沒有意識到自己正在重複……最後我們了解，這是他用來記得的方式。」❹但是佛洛伊德沒有意識到的是，只有在幫助人們內心感到安全與平靜的情況下，他們才能重新獲得自主權。

彼得了解，為了解決創傷，必須處理身體上的癱瘓、煩躁與無助，並找到一些可以採取的身體行動來重新掌控自己的生活。即使只是講述發生的事情，也是一種有效行動的方

❸ 佛洛伊德（Sigmund Freud）所著的《超越快樂原則》（*Beyond the Pleasure Principle*）。

❹ 佛洛伊德（Sigmund Freud）所著的《回憶、重複與疏通》（*Remembering, Repeating, and Working Through*）。

式，敘事的構成可以讓你與周圍的人知道發生了什麼。悲哀的是，非常多受到創傷的人都陷在自身的創傷中，永遠沒有機會發展這種重要的敘事。

我對彼得認識得越多，就越會意識到他對生理感官與身體動作所扮演角色的重要性了解得有多深。他表示，創傷後行為不僅包括粗暴的動作，例如對任何冒犯你的人暴怒，或在害怕時整個癱瘓，而且還包括難以察覺到的摒住呼吸、肌肉緊張，以及縮緊括約肌。他讓我知道，整個有機體，也就是全部的身、心、靈，變得動彈不得，並持續表現出好像當下有一個非常明顯的危機。彼得最初接受的是神經生理學家的訓練，後來在埃薩倫研究所學習艾達・羅夫（Ida Rolf）的身體工作療法，我在觀摩他如何進行工作時，想起了摩謝・費登奎斯（Moshe Feldenkrais）。他認為世界上沒有純粹的精神（也就是心理）經驗：「生命的概念可以分成身體與心靈……這種想法比實際運用的存在還要久遠。」[5]我們的主觀經驗總是存在身體的成分，就像所有所謂身體的經驗都存在心靈的成分一樣。

大腦是由身體動作表達出的心理經驗編碼而成。情緒是透過臉部表情與身體姿勢來傳達：我們透過握緊的拳頭與緊咬的牙關感受憤怒，透過緊繃的肌肉與短淺的呼吸明白恐懼。思想與情緒伴隨著肌肉張力的變化，而為了改變習慣模式，我們必須改變連結感官、思想、記憶與行動的身體循環。因此治療師的主要任務，是觀察與處理這些身體的變化。

在我還是芝加哥大學的學生時，尤金・簡德林（Eugene Gendlin）試圖教導我何為「身體覺知」，也就是對於自我的意識，以及思想與行動之間的空間。但我對身體覺知並未完全理解，直到目睹彼得運用生理覺察作為學習的關鍵。他對觸摸的運用讓我學到了很多。在我接受的訓練中，觸摸是被嚴格禁止，而在我的成長過程中也被嚴重忽視。但彼得對觸摸的運用幫助我更能覺察自己的內在經驗，並理解到觸摸的巨大力量，可以幫助人們從彼此身上獲得撫慰與生理安全。

覺察到內在的感官，也就是我們的原始感覺，會讓我們能夠直接體驗自己的生命體，從快樂到痛苦的整個範圍，這些感覺源自於腦幹的最深層面，而不是大腦皮質。對於這一點的理解非常重要，因為受到創傷的人很害怕自己內在發生的事情。要他們專注於自己的呼吸，可能會引發恐慌反應；單純請他們靜止不動，通常只會增加他們的焦慮。

---

5 摩謝・費登奎斯（Moshe Feldenkrais）所著的《身體與成熟的行為》（*Body and Mature Behaviour*）。

我們可以在腦部掃描中，觀察出這種與身體自我疏離的神經推論：患有慢性創傷後壓力症候群的人，負責自我覺察（內側前額葉皮質）與身體覺察（島葉）的大腦區域，通常會萎縮，因為身體／心智／大腦已經學會自我封閉。這種封閉伴隨著巨大的代價：傳達痛苦與沮喪的大腦區域同樣也負責傳遞喜悅、快樂、目的與關係連結的感覺。

彼得告訴我，也在這本書中告訴大家，對自己或他人的負面判斷，如何造成心智與身體緊張，進而讓我們無法學習。想要恢復的話，人們要能夠自由探索並學習新的動作方式。只有這樣才能讓神經系統自行重組，並形成新的模式。這只有在透過研究新的動作、呼吸與啟動方式才能實現，而不能透過指定為了「修復」而做的特定行動來完成。

在接下來的章節中，彼得．列文解釋了創傷記憶的內隱性質，以及在身體與大腦中以感官、情緒與行為拼湊起來的方式。創傷性印記悄悄地強加在我們身上，與其說是故事或有意識的記憶，不如說是情感、感官與「程序」，是身體自動做出的事情，就像是心理的無意識行為。如果創傷是以程序性的無意識行為展現出來，那麼療癒就不能透過建議、藥物、理解或修復來完成，而是要透過獲得與生俱來的生命力（我使用的詞彙），也就是彼得所說，「我們對堅持與勝利執著的固有驅力」。

這是由什麼來組成？了解自己，感受生理的衝動，注意身體的僵硬與收縮狀態，以及內在覺察的增強如何影響情緒、記憶與衝動的產生。創傷的感官印記對我們接下來的反應、行為與情緒感覺狀態有著強大的影響。習慣於隨時警覺不讓過去的惡魔進入意識之後，我們反而必須學會單純而不帶判斷地注意到這些印記，並觀察其原本的樣貌，也就是啟動天生運動動作程式的訊號。遵循自然的過程有助於重新調整我們與自己的關係。不過，這種正念的自我監測很容易解離，進而引發恐慌、爆發、凍結或崩潰。

處理這種容易解離的敏感，基本概念之一是彼得的「擺盪」理念：在知道自己會習慣於這種感覺的情況下，接觸內在感官並學習容忍，然後從容地回到更安全的日常生活。這種方式並非宣洩療法，或者說，我喜歡稱之為「吐出創傷」。學習仔細地接觸「身體覺知」，讓我們更有可能了解潛伏在內心深處的危險訊號，並有機會加以掌控。在能夠安全地感受與恐懼及毀滅相關的感官之前，首先必須了解內在力量與健康攻擊是什麼樣的感覺。

本書中最精彩的獨創討論之一，是彼得解釋為了應對極端的逆境，要如何同時啟動大腦的動機系統與行動系統。動機系統是由大腦的多巴胺系統運作，行動系統則是由正腎上腺素系統運作。為了能在巨大挑戰中創造生命的意義，兩個系統都需要在治療過程中獲得激勵。這些是面對並轉化過去的惡魔，從無助的屈服通往擁有完全自主權的必要條件。

好的治療方法包括學習喚起身體覺知，但不會被潛伏在內心的陰影淹沒。不管使用哪種療法，最重要的提示句都是「注意」以及「注意接下來會發生什麼」。允許自己觀察內在過程，可以啟動連結大腦理性與情緒部分的大腦通路，這是目前所知個人能夠有意識地重新調整大腦知覺系統的唯一通路。為了與自我保持連結，必須啟動前島葉這個負責感覺身體與自我的重要大腦區域。列文指出，大部分靈性傳統都發展出呼吸、運動與冥想技巧，以促進深層情緒與感官狀態的容忍與整合。

身體經驗創傷療法緩慢、細緻、正念地專注於內在感官與精微動作，大多數表達性治療則多半著重於外在引導的行動，而不是自我的身體覺知，兩者非常不同。專注於內在經驗能夠發掘傾向於無意識與反射性的程序性動作，這些動作可能牽涉到不同的大腦系統，像是小腦與椎體外系統，而非出於意志的刻意行動。

這種工作也與其他治療方法形成鮮明對比。其他療法鼓勵倖存者仔仔細細地反覆重溫創傷，同時創造出的條件帶有風險，會讓受到創傷的個體處於高度恐懼與生理喚起的狀態，可能因此強化過去遭受的痛苦。如果發生這種情況，創傷記憶會與那些新產生的恐懼一起重新鞏固並產生連結，這樣只會增加被內在世界淹沒壓垮的感覺。

本書記錄了豐富的案例過程，並詳細說明如何具體實施身體經驗創傷療法的原則，案例不僅包括像是車禍的創傷受害者，還有新生兒、學步兒、學齡兒童與戰鬥士兵。身體經驗創傷療法主要不是透過重溫創傷來「拋棄」創傷制約的反應，而是創造出與淹沒無助感相反的新經驗，並運用生理反應與感官的自主權來取代創傷制約的反應。

這種工作透過協助完成與解決創傷在身體上造成的爆炸性攻擊，消除凍結的羞恥、悲傷、憤怒與失落感。彼得的工作幫助我們超越他所謂的「破壞性解釋強迫症」，並創造一種內在自主權與對之前失控感官與反應的掌控。為了做到這一點，我們必須創造一種具體行動的經驗，以對抗無助的屈服與無法控制的憤怒。只有等到我們能夠退一步來評估自我，降低感官與情緒的強度，並啟動與生俱來的生理防禦反應，才能學會修正我們根深蒂固、適應不當的自發生存反應，同時藉此讓我們陰魂不散的記憶得以安息。

貝塞爾・范德寇醫師（Bessel A. van der Kolk），
二〇一五年七月十六日，於佛蒙特州卡博特

導論

現狀

沒有現在或未來，
只有過去，
一遍又一遍反覆發生。

——尤金・歐尼爾（Eugene O'Neill）

過去的暴政

自古以來，人們一直受到記憶的折磨，讓他們充滿了害怕與恐懼，以及無助、憤怒、仇恨與報復的感覺，還有無法彌補的失落與痛苦。在像是希臘、蘇美與埃及史詩悲劇的古代文學中，以及成千上百關於創傷的當代書籍、晚間新聞與名人的懺悔中，創傷一直都是而且也會繼續成為人類經驗的爆炸中心。

儘管人類似乎是無底線地喜歡造成他人的痛苦與創傷，但我們也有著生存、適應與最終轉化創傷經驗的能力。經驗豐富的治療師運用天生的恢復與療癒能力來支持自己的工作，幫助歷經生命威脅與難以承受的事件後飽受痛苦的個案。這些事件包括（但絕不僅止於）戰爭、攻擊、騷擾、侵害、意外、侵入性醫療程序、自然災害，還有目擊親人嚴重受傷或突然死亡。所有這些對有機體的「衝擊」都會改變個人生理、心理與社會的平衡，影響程度大到對特定事件的記憶因此受到污染，並掌控所有其他經驗，破壞對於當下這個時刻的理解。過去的經驗因此成為暴君，打亂對新舊兩種狀態都賦予同等專注的能力。人們選擇專注於過去那些精采動人的回憶時，睡眠成了敵人，生活也變得黑白。

也許在創傷的領域，沒有比創傷記憶在病理學與治療方法中所扮演的角色更令人困惑的部分了。的確，不同實驗室進行的研究經常顯得相互矛盾。此外，臨床醫師與學者也很少相互交流——這種狀況實在非常不幸。最重要的是，創傷記憶與其他類型的記憶有著根本上的不同，因此造成極大困惑與治療技巧誤用的潛在危機。

本書的主要受眾是負責處理個案創傷記憶的治療師，但也同樣是為了想要分析盤繞不去的記憶，並希望知道如何與這些記憶長久和平共處的個人。另外也適合求知若渴的讀者，滿足他們對科學與臨床研究的單純興趣，明白記憶如何掌控管理自己的生活，明白記憶巨大的模糊性、困惑的不確定性，以及要理解這一切所需的能力。

在探索的過程中，一開始要先知道的是，記憶的存在有許多種形式，這些形式在結構與功能上都有根本的不同。同時，這些獨特的記憶系統（涉及大腦的不同部分）必須協同運作，以促進有效的功能與健康狀態。本書的內容是關於我們可以如何學習與盤繞的記憶和平相處，並將自己從過去的暴政中解放出來。

大多數當代心理治療都存在於佛洛伊德及其徒子徒孫的長期陰影之下，或者是由各種認知行為方法所引導。然而，這些減輕人類痛苦的途徑在處理創傷與潛在的記憶印記方面，能提供的價值有限。雖然這兩種治療傳統的確處理了某些與創傷相關的功能障礙，但無法接觸到原始核心的部分。這些方法並未充分處理受到創傷影響的基礎身體與大腦機制。哎呀，這在很大的程度上沒有滿足人類最基本的需求與療癒驅力。

創傷會震懾大腦、麻痺心智、凍結身體。創傷淹沒了不幸的受害者，將他們拋進折磨、無助與絕望的洶湧大海中漂流。對治療師來說，目睹個案如此絕望，便會不由自主地感受到呼喚，想要有效地緩解這種痛苦。隨著各種技巧（及其衍生）受到廣泛理解、教授與實行，有越來越多的治療師開始處理創傷記憶。這些不同的療法大概是依照以下時間順序出現：催眠、暗示、分析、暴露、身體經驗創傷療法（SE）、眼動減敏與歷程更新治療（EMDR），以及各種「能量心理學」（例如敲打法）。

許多心理動力治療師都知道，他們必須處理個案的過去在當下表現出的樣貌。他們試圖以這種方式幫助個案確保一個更美好、健康、專注、有效與充滿活力的未來。然而，如果沒有從治療工作的角度了解創傷如何在身體、大腦與心理，還有精神與靈魂上刻下記憶印記，治療師一定會在因果的迷宮中迷失方向。對於有效的治療來說，重要的是要觀察理解創傷如何將身體的直覺反應連結到之前遭受的威脅；以及創傷如何固著於特定的情緒，尤其是害怕、恐懼與憤怒，還有習慣性的感性情緒狀態，例如憂鬱、躁鬱與喪失活力；最後，是創傷如何以各種自我毀滅與重複行為的形式展現出來。

如果不能確實掌握創傷記憶在大腦與身體中儲存的多面向結構，治療師就會常常在模糊與不確定的沼澤中掙扎。的確，對所謂恢復記憶的誤解，對個案與其家人造成了許多不必要的痛苦與磨難，同時也讓幫助他們的治療師感到困惑與自我懷疑。

也許我們不是那麼願意承認，許多治療師都受到與記憶本質相關的常見誤解影響。傳統上，學術與臨床心理學家都傾向於研究所謂的「語言接觸記憶」。這種「陳述性」的記憶形式在小學、中學、高中，以及大學與研究所的學習中，都是必須且鼓勵去了解的領域。

難怪做為學術界產物的心理學家與心理治療師，傾向於反射性地認同這種特殊的有意識記憶。然而，有意識的外顯記憶只是俗話所說，巨大深層的冰山一角。這樣的記憶幾乎連基本內隱記憶經驗潛藏的層面都沒碰到，但是內隱記憶影響並激勵我們的方式，是有意識的心智難以想像。但是如果要有效而明智地處理創傷，以及創傷在我們的身體與心靈方面留下的記憶痕跡，我們就應該去想像，也必須去理解。

第一章

記憶：天賦與詛咒

記憶的幻象

記憶是挑選出的意象，
有些難以捉摸，有些刻印在腦海，無法磨滅。
每一幀意象都是一條線……
每一條線互相交織，形成了一幅花樣繁複的壁毯，
壁毯講述著故事，
故事就是我們的過去……

我就和之前的其他人一樣，擁有洞察的天賦，
但真實會根據光線改變顏色，
明天可能比昨天更加清晰。

——《仲夏夜玫瑰》，卡西・萊蒙斯（Kasi Lemmons）的電影創作

二〇一五年初，布萊恩・威廉斯（Brian Williams），這位在廣播媒體界地位崇高的記者與明星主播，因「造假」誇大自己在戰地前線報導中面臨的生死威脅，羞愧而窘迫地消失在大眾面前。大家現在都知道事實為何：威廉斯飛在一架遭到砲火擊中的直升機後面。但故事在他的敘述下逐漸扭曲，變成是自己乘坐的直升機受到攻擊。一般民眾與權威專家都很訝異，他居然會因為虛假的英雄主義與自我膨脹，置自己的名聲於不顧。所有人都在問自己，怎麼會被這個認真誠懇的記者給騙了。

但是許多公眾人物也犯過類似的「失誤」。希拉蕊・羅登・柯林頓（Hillary Rodham Clinton）曾經宣稱自己在波士尼亞受到狙擊，後來才承認她「弄錯事實」。為了公平起見，我們也不要忘了米特・羅姆尼（Mitt Romney）甚至記得發生於他出生前九個月的某場底特律週年慶典！究竟這些名人是徹頭徹尾的騙子，還是有別的原因？

真正的答案是，這些類型的記憶扭曲，特別是在高壓與危險的情況下，是我們所有人都很容易受到影響而發生。講得輕鬆一點，我們能夠認同羅姆尼的「出生前記憶」，因為很多人都曾經將家庭照片或經常拿出來講的故事，融合到自己「真實回想」的個人記憶中。事實上，我們對特定事件所賦予的意義，會對記憶的內容產生重大影響。套用精神分析學家阿爾弗雷德・阿德勒（Alfred Adler）的話：「一個人對自己所產生的無數印象，會選擇記住那些感覺能夠與自身處境相關的部分，無論這些印象有多黑暗。」

亞里斯多德認為，人類出生時是一塊白板，空白的石板，是刻印了一連串記憶的生命產物，就像使用蠟片取模一樣。然而，記憶並非如此，我們必須無奈地承認，記憶不是具體而明確的事物，無法複製再現，不能像錄影一樣隨意調閱檢視。記憶反而相當短暫，形狀與意義隨時都在改變。記憶不是一種獨立的現象，不具固定的結構，也沒用水泥穩固地搭建在岩石地基上。相反的，記憶比較像是脆弱的紙牌屋，座落於時間的流沙，搖搖欲墜，受到詮釋與虛構的擺弄。事實上，記憶是一種持續的重建，更類似海森堡（Heisenberg）測不準原理中，任性又極端不可預測的電子。每一次對於電子的觀察，都會改變電子的位置或動能，而記憶的經緯也會交織成一塊柔軟的布，隨著日夜與四季的光影移動，改變色調與輪廓。

長久以來，文學與電影都著迷於記憶悖論這個主題。黑澤明一九五〇年的電影《羅生門》，就精彩地描繪出記憶的脆弱度與內在主觀性。在這部電影中的四個角色，對於同一事件各自回想的記憶是截然不同。如同在電影中，記憶像是稍縱即逝的夢境：若試圖去掌握，記憶便會溜走，明白地安慰我們說，旁觀者不斷變化的視線，可能是回憶唯一真正可靠的重要特點。因此，我們是否能觀察自己的記憶，但在回想的過程中不去改變記憶呢？簡單來說是不可能。

哲學家與電影製作人，還有越來越多的當代認知神經科學家，會質疑回憶本身的有效性。馬克吐溫曾坦白道：「我是個老人，遭遇過很多不幸，但大多數都未曾發生。」也就是說，他當下的痛苦讓自己「記住」（也就是建構）了從未真正發生的事件。的確，最近的研究有著驚人的發現：記憶是一種重建的過程，不斷地選擇、添加、刪除、重組與更新資訊——一切都是為了協助生存與生活中持續進行的適應過程。

在接下來的章節中，我們將探索記憶可變性的含義，並進一步了解與創傷明確相關的記憶類型。本書將要探索的一項中心前提是，我們目前的感覺狀態，可能是決定自己如何記住特定事件與記住其中哪些內容的主要因素。事實上，有效處理創傷記憶的必要條件，首先就是要改變我們當下的感覺狀態。創傷記憶的臨床工作中，對於我們目前的心境、情緒與身體感官（無論出於何種原因產生）深刻影響我們「記住」的內容這件事，所知並不多。出現在我們意識領域中那些被記住的意象與想法，都是因為能與我們目前的情緒狀態吻合，所以才被喚起並（無意識地）選擇。我們當下的情緒與感官扮演了關鍵的角色，左右著我們會如何記住特定的事件——建構我們與這些「記憶」之間持續發展的關係，以及我們如何處理與重建記憶的方式。

想要探索記憶的效用與可靠性，關鍵就在於研究其生物學根源，以及心理、發展與社會功能。若是證明了記憶的確是難以捉摸又虛假不實，那麼記憶有何價值？本身的侷限又為何？何時可以相信記憶？何時記憶會背叛我們，讓我們在一片模糊而不確定的大海中掙扎？此外，「魔法師」是何時編織出記憶的謊言，不管他們是治療師、家庭、律師或政治人物？何時記憶會是社會、部落或氏族的集體無意識促成變造的扭曲歷史？而這些魔法師與力量做出的行為，何時是處心積慮，何時又是毫不知情？

至於創傷的轉化，許多治療方法誤解甚或忽視了基本問題：在何種情況下，記憶會是療癒的力量？又在何時會具有破壞性？記憶何時會產生自我傷害的痛苦與不必要的折磨？最終也是最重要的問題是，我們要如何來區分？

沿著記憶的小路行走

記憶構成了我們身分的基石，有助於界定人的意義。雖然不一定完全正確或永久，但記憶就是個磁性羅盤，引導我們穿越各種新的情況。記憶幫助我們為浮現出的經驗提供一個背景，以便能夠自信地計畫接下來的步驟，同時發展出條理清晰的生命軌跡故事。簡而言之，我們透過記憶找到自己在這個世界上的道路。在養成新愛好、學習新舞步、與陌生人交流，還有理解新概念時會出現問題與困難，直接的原因可能是我們沒有事先建立好用來組織新資訊與新經驗的模板。

記憶若是縮減到最核心的功能，著重的便是確保一個從過去中精挑並建立在有效基礎上的未來，同時不會重複那些造成危害或痛苦的反應。簡而言之，要確保一個受到自身歷史影響，又不會過分限制的未來。透過記憶，我們將現在與過去連結起來，維持一種連續性。相同與相異、面臨威脅與安全滿足的時刻，還有重要的成就與失敗，在這些不斷比較的過程中，我們整理並重組訊息，塑造自己的現在與即將發生的選擇。藉由這種方式，我們渴望創造一個比過去更能適應、更多回報與益處的未來。鄉村歌手文斯・吉爾（Vince

Gill）的歌詞說得好：如果「沒有過去就沒有未來」。

記憶，例如回想起某次在晴朗多彩的日子裡美好的林間散步，踢起成堆的落葉，與親近的朋友分享私密的想法與感受，這種印象能夠輕鬆愉快地回到我們的意識當中。雖然有時遙遠，但這些記憶往往充滿著微弱的感官印象，像是枯葉的霉味或是被踢起時發出的沙沙聲，還有空氣中的涼爽或秋日落葉精緻的色彩。而我們逃避且想要遺忘的不快記憶也同樣如此。這些負面的記憶常會強而有力地攫取我們的注意力。舉例來說，被愛人拒絕或晉升失敗，這些事件總會縈繞在心。事實上，這種強烈的酸楚還可能會多年揮之不去，有時回想起來就如同第一次發生時同樣痛苦。任何與這些記憶相關的氣味、景象、聲音與感覺，都可能令人不安、反感、惱怒，甚至厭惡。這些反應迫使我們避開與任何能夠觸發提醒的事物，無論這種接觸是出於自發性或潛意識。

雖然如此，我們還是會發現，自己在與朋友或治療師分享這些痛苦回憶時，不管是愉快或心煩的過往經驗，都盡量將故事敘述得合理而連貫。我們通常能對這些記憶進行反思，從中學到教訓，並繼續自己的生活。透過這些錯誤與失敗，以及大大小小的勝利與成就，我們都有潛力讓自己豐厚並強大起來。

我們的記憶中，最鮮明的部分會充滿感官與感受，不論好與壞，快樂或悲傷，憤怒還是滿足。事實上，在啟發和強化學習方面，擔負重大職責的正是與記憶相關的情緒影響。的確，所謂的學習其實是一個導入的過程，摘取記錄在過往經驗（也就是「記憶痕跡」[1]）中的模式、影響、行為、感知與結構，以滿足目前遭遇的需求。簡而言之，過去的印記常會在意識覺察的範圍內影響到現在與未來的計畫。不同於重複播放的新聞影片，我們的記憶會不斷改變，在人的一生中多次地反覆塑造重製。記憶一直處於變動狀態，永遠都在經歷形成與重塑的過程。

創傷記憶

沒有比憂鬱更糟的事物。

——傑拉德．曼利．霍普金斯（Gerard Manley Hopkins）

相對於「一般」記憶（無論好壞），創傷記憶是一種固定而靜止的狀態，是一種印記（痕跡），來自非常衝擊的過往經驗，是刻劃在患者腦海與身心的深刻印象。這些凍結的艱苦印記無法撼動，也不會因應當下的訊息隨意更新變化。這種印記的「固定性」阻礙了我們形成新的策略並煉化出新的意義。生活中沒有新鮮而不斷改變的當下，也沒有真正的流動。如此一來，過去便活在現在，如同威廉．福克納在《修女安魂曲》中寫道：「過去永遠不會死亡，甚至沒有過去。」過去甚至是以各式的害怕、恐懼、症狀與疾病的樣貌存在。

心滿意足或麻煩叢生的記憶，通常會以合理連貫的故事形式重現。「創傷記憶」則與之呈現強烈對比，多半會以不完全的殘破碎片，以及難以消化的感官、情緒、意象、氣息、味道、想法等形式出現。舉例來說，從一場嚴重車禍中倖存下來的駕駛，在加油站加油時聞到一股汽油味，便突然心跳加速、極度恐懼，急切地想要逃離現場。像這樣混亂的碎片，我們無法就故事原本的狀態去記住，只會化為自發而破碎的心靈侵擾或生理症狀，不斷「重播」並反覆經歷。我們越嘗試去逃避這些「閃回」（flashbacks），我們的生命力便越會受到困擾、折磨與扼殺，嚴重限制了我們腳踏實地、活在當下的能力。

創傷記憶也可能會以無意識「宣洩」行為的形式呈現。舉例來說，這些行為包括反覆發生「意外」，或無意中讓自己暴露在危險情境中。幾個典型的例子，像是在兒時受到騷擾的妓女，現在會故意與暴力男發生關係，或從事危險性行為；又或是戰場老鳥，因為對危險刺激的事物「上癮」，在退伍之後立刻申請加入霹靂特警隊。

「重複」的創傷記憶不受控制地爆炸成未經處理的經驗碎片，冷不防投擲在脆弱的患者身上。這些碎片似乎是憑空出現，刺穿了受害者的生活，不管是處於清醒或睡眠狀態。受到創傷就像受到無盡夢魘的詛咒，難以忍受的折磨不斷重演。受到創傷的人，生命會受到束縛，直到能夠以某種方式處理這些侵擾，進行吸收，最終形成合理連貫的敘述，好讓這些記憶得以安息；換句話說，與記憶和平共存。這種「完成」能夠恢復過去與未來之間的連續性，激發鼓動人心的毅力與現實的樂觀主義，讓生活繼續前進。

回顧過往

在「精神官能症」的治療中，創傷記憶扮演的是二十世紀初精神分析的羅賽塔石碑這樣的角色。雖然佛洛伊德並不是最早處理這種病原與隱藏（「壓抑」）記憶的人，但他是最有名的那位。事實上，佛洛伊德是站在前輩巨人寬闊的肩膀上，特別是任職於巴黎硝石庫慈善醫院的讓馬丁・沙可與皮爾・珍妮特。這兩位的確是最早認知到，創傷記憶是如何透過所謂壓抑與解離的機制從意識中抽離隔絕起來，以及如何透過治療將這些分裂出來的部分帶入意識覺察之中。這種開創性的貢獻必定對佛洛伊德有所啟發，影響他早期的創傷理論。

然而，隨著佛洛伊德放棄創傷來自衝擊（外部）事件的這項認知，轉而探討「伊底帕斯」情結與其他「本能衝突」的內在機制，珍妮特的巨大貢獻便顯得暗淡無光。因為佛洛伊德強大的個人魅力，以及家庭暴力與性侵害的混亂現實，使得衝擊外部事件引發創傷的理論幾乎都在心理學的雷達上消失。簡單來說，直到那些罹患「砲彈休克症」的一戰軍人回到家園後才又興起。社會與心理學界傾向跟隨佛洛伊德的新研究，也就是內在衝突（例如「伊底帕斯情結」），因此遠離了源於童年性侵害那種陰暗不安的家庭動力，這種犯行甚至會發生在維多利亞時期尊貴的醫生、律師與銀行家的家庭。幸運的是，珍妮特對於創傷與其病因，以及創傷如何影響治療方式的深刻理解，在一百年後一篇由貝塞爾・范德寇與歐諾・范德哈（Onno van der Hart）發表，慶祝珍妮特出版於一八八九年[23]的成名作《心理學無意識行為》（*L'automatisme psychologique*）百年紀念研討會論文中再次提及。這段理解與治療創傷的基礎歷史，在范德寇的巨著《心靈的傷，身體會記住》中獲得細緻的對待與尊崇的表揚。

記憶戰爭：錯誤記憶的真相、真實記憶的錯誤，以及「記憶消除」的邪惡聖杯

記憶是謊言的歷史累積……
如同記憶一般，好的小說必須寫出特定的時間與日期，
這樣看起來才會真實。

——丹尼爾・施密德（Daniel Schmid），瑞士電影導演

邁入二十一世紀，記憶已成為當代認知神經科學難以企及的聖杯，在二〇〇〇年攫取了一座諾貝爾生理學獎❻。相比之下，往前倒轉個十五年，記憶在創傷治療中占據的重要角色，造成了一道巨大的裂痕，引發一場虛擬的記憶戰爭。在高度兩極化衝突的其中一端，治療師強力推動著個案，要他們「恢復」那些遺忘已久、「解離」或「壓抑」，與童年性侵害與暴力虐待相關的記憶。這種痛苦的疏浚方式一般會伴隨著一次又一次戲劇性的情緒疏泄❼，也經常會進行暴力宣洩。這類極為激烈的「表達」療法頻繁地使用於小組治療，

在參與者一次又一次「恢復」可怕的記憶時，鼓勵（或不時施壓）他們將痛苦與憤怒尖叫吶喊出來。

這些患者當中，有許多是患有憂鬱症、焦慮症與恐慌症的女大學生。她們迫切地希望能找到病因，透過追根究柢的過程，找尋消弭痛苦的解方。極度的痛苦讓她們瘋狂地希望能從強烈疏泄帶來的短暫緩解中，找到終結與解脫。因為這些「恢復」的記憶所感受到的真實，幫助她們向自己「解釋」，並為自己沉重的苦悶狀態尋得了下錨的定點。這樣的宣洩也促使高度上癮的腎上腺素與大量內源性的鴉片類物質（腦內啡）[4]釋放。這種生化物質混合起來，加上相互分享類似故事產生的牢固群體連結（同樣也是透過鴉片類物質激發），影響強大深遠[5]。

事實上，許多這樣的患者的確擁有暴力與恐懼的家庭過往，也因為這些療法揭露出來。但不幸的是，這些故事常常充滿困惑與錯誤。即使故事正確，通常也無法提供深度且持久

---

❻ 艾瑞克・肯德爾因為研究海蝸牛（海兔）巨大的軸突突觸，獲得諾貝爾生理學獎。

❼ 疏泄指的是能夠讓人意識到被壓抑的創傷事件，並再一次「重新體驗」的方法。

的治療。許多時候，這種疏淺反而造成了大量不必要的痛苦。不少引導治療師真心相信，這些「恢復」的記憶十分真實，且具有治療價值，即使這代表有時候要相信一些事實上不可能發生的事，另外還要否認所謂的恢復會對患者及其家庭造成有害的影響。

這場正在發展進行中的衝突，另一端是一群研究記憶的學者。他們以同樣的強度主張，這些「恢復」的記憶多半都是錯誤、是一種虛構。他們的結論主要是基於實驗，透過實驗成功地植入了可以證實是錯誤的「創傷」記憶。最令人印象深刻的實驗是，讓接受實驗的大學生相信那些故意植入的錯誤記憶，以為自己小時候曾經在商場走失。這些「記憶」通常會包括被陌生人發現，然後被帶回父母身邊的清晰畫面。然而，實驗進行之前對學生家長的採訪可以證實，他們從來沒發生過這類事件。

貝塞爾・范德寇駁斥了這個實驗，指出接受實驗的大學生並未顯露出發自內心的痛苦。如果童年時真的發生過這麼可怕的事件，回想起來應該是要感覺痛苦才對[6]。儘管如此，類似這樣的實驗讓許多研究記憶的學者得出結論認為，即使不是大部分，但也有許多經過治療恢復的記憶，是無意中植入的，或是有些情況下，是由治療師故意植入的。不過首先，讓我們來聽聽貝絲的故事。

貝絲的故事

十三歲的貝絲，她的母親在可疑的情況下，於自家游泳池溺水身亡。悲痛欲絕的少女自然因此內心受到折磨。這場毀滅性的打擊發生兩年之後，貝絲又失去了自己的家。一場山林火災燒毀了她家的房子，但同個街區的其他地方則倖免於難。

想像一下，失去母親的少女，震驚地站在燃燒的房子前發楞，胸前緊緊抱著一隻破爛的泰迪熊。根據報告陳述，她特別困擾的是找不到自己的日記。最大的恐懼並不是日記被火燒了，而是擔心可能落入他人手中[7]。我們不禁想像，這名脆弱的少女到底在日記中分享了什麼樣的回憶與私密。

貝絲對自己失去的事物有什麼看法？她如何處理這些潛伏不散的陰魂？又是如何面對母親的不明死亡，以及家園突然的毀滅？就像貝絲日記的內容一樣，我們永遠不會知道答案。然而，隨著時間流逝，貝絲成年生活的方向自行展現出一個充滿勇氣、堅韌、毅力與專注的故事：伊莉莎白・洛夫圖斯（Elizabeth Loftus）長大後成為一位研究記憶方面的知名專家。

多年來，洛夫圖斯教授堅持反對恢復記憶療法，執著於證明有很多透過治療引發的受虐記憶均不為真。接著，她開始堅定地調查記憶消除的可能性，研究起學生對於消除困擾的記憶抱持何種態度。詢問大學生如果遭遇搶劫與毆打，會不會願意為此服用模糊記憶的藥物。有將近一半的學生表示，他們希望能夠取得這種藥物。然而，只有一四％的學生說自己真的會使用[8]。在類似的調查中，同樣詢問一群曾經在九一一世貿雙子星恐怖攻擊事件的「爆炸中心」，參與救援的消防員，卻只有二〇％的人表示他們想要這種藥丸來抹去自己可怕的記憶。

如果說洛夫圖斯教授對這樣的數據感到驚訝，的確是太輕描淡寫。照教授的原話，她斷言：「要是我遭受過攻擊，就會吃這顆藥。」[9]事實上，雖然她似乎沒有聯想到，但貝絲當然確實遭受過「攻擊」，那就是痛苦地失去了自己的母親與小時候的家。

像小貝絲一樣受到創傷的小孩，不管多麼想逃離，記憶都會像在陰影中潛伏的暗鬼一樣，甩都甩不掉。有誰會不想從記憶銀行的金庫中抹去這些揮之不去的陰魂呢？但是，思考一下，我們獨特的人格會因此面臨什麼風險，要付出什麼代價？我們會發現，其實有更具建設性、更能肯定人生的方法，來面對並處理這些困難的記憶。

痛苦的記憶會以我們可能從未懷疑過的方式來形塑我們的生活。如同九頭蛇（以及我們陷入頭砍不完的徒勞戰鬥），這些記憶會一再回來咬傷、侵擾、形塑我們，無論我們有多渴望去消除、否認或淨化。該如何才能與這些記憶合作而非對抗，獲取並利用記憶「壓縮的能量」，讓我們能從記憶的束縛中釋放？

我們要認知到，關於記憶的兩種觀點，無論是錯誤的記憶或是受到恢復的記憶，說到底都與事實不符，尤其是記憶在創傷與其他心靈問題治療所扮演的角色。雙方陣營及其治療方式，可以說都是在重擊自身未解決的創傷、心理動力問題、科學方面的偏見、成見，以及「經過挑選」以支持其強硬立場的數據。兩個群體彷彿都認為對方在本質上很糟糕或不誠實，並假設他們所有的信念與數據必然錯誤，即使研究或臨床觀察是進行得有條有理，得出的結果也與其他數據一致。兩邊似乎都採取了不必要的防禦，一點也不願意相互學習。不幸的是，雙方的歧見並不是在科學、客觀與開放提問的大廳中切磋，而是在法庭、小報「新聞」，以及公眾輿論中展現，通常是透過媒體名人的故事傳播出來。

發生「記憶戰爭」更根本的原因，是對記憶本身的核心本質有著廣泛的誤解。

第二章

記憶的結構

記憶是這樣組成的……

要理解創傷記憶的本質，就必須從「記憶戰爭」險峻的邊緣往後退一步，開始梳理各種組成部分。這些部分交織起來，便形成了多重組織的結構，也就是我們所謂的「記憶」。廣義上來說，記憶有兩種：外顯記憶與內隱記憶。前者屬於意識部分，後者相對屬於無意識部分。這兩種記憶系統底下各自擁有至少兩個大型的子類型，但功能完全不同，在神經解剖學上，也是由不同的大腦結構進行調節。同時，這兩種記憶都是為了幫助我們（參見圖2.1）應對生活中的各種情況與挑戰。

外顯記憶：陳述性記憶與情節記憶

好吧，我的確要說！

——郝思嘉，《飄／亂世佳人》

陳述性記憶是外顯記憶中最常見的子類型，內容包含鉅細靡遺的資料，等於是記憶世界的雜事與購物清單。陳述性記憶讓我們能清楚地記住各種事物，有條有理地根據事實說出故事，有頭有尾，起承轉合。大多數外行人，還有許多治療師，大致上會傾向於將記憶視為這種具體的形式。只有這種具象化的記憶，才能讓我們主動並刻意地喚起或陳述出來。陳述性記憶的一般作用，是將離散的片段資訊傳達給他人。這些具有「語意」的記憶十分客觀，沒有感覺或情緒在內。如果沒有陳述性記憶，就不會有汽車、飛機、電腦、電子郵件、智慧型手機、腳踏車、滑板，甚至是筆。事實上，也不會有書。若沒有陳述性記憶，火可能無法為人所用，並傳遍全世界，我們可能仍然無助地蜷縮在黑暗潮濕的洞穴中。簡而言之，我們所熟知的文明不會存在。

陳述性記憶相對比較規則、乾淨、整齊，做為其儲存硬碟及操作系統的大腦皮質也是高度結構化，兩者十分相像。陳述性記憶在記憶系統中最具意識與自主性，但到目前為止，卻是最不引人注目與活躍的部分。就所有心理動力方法的目標來看，陳述性記憶本身很少與治療相關。但相對來說，陳述性記憶是許多認知與行為干預的基本組成。

如果陳述性記憶定調為「冰冷」的事實資訊，那麼情節記憶（外顯記憶的另一種形式）相對的就是「溫暖」而具有組織。情節記憶通常會傾注情感與活力，無論是積極或消極的，並對我們個人的生活經驗充分進行編碼。

情節記憶在「理性」（外顯／陳述性）與「非理性」（內隱／情緒）領域之間形成一種動態介面。這種中介功能促進了連貫敘述的形成，讓我們能對自己與他人說出動

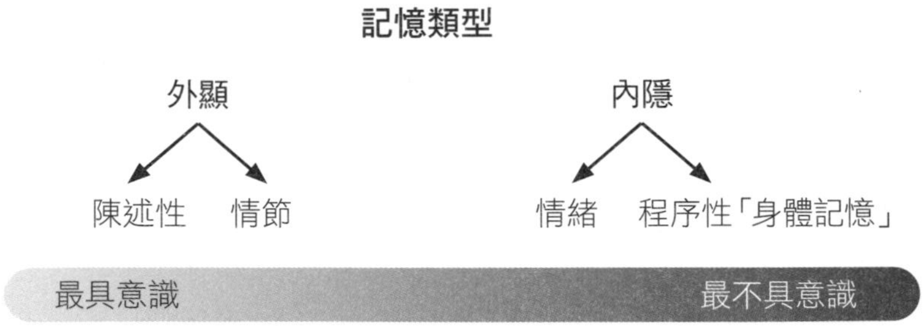

圖 2.1　基礎記憶系統

人的故事，並幫助我們理解自己的人生。原始的情緒、精微的感覺，以及與挑選過的對象溝通，這部分的連結與處理非常重要，能夠讓我們從創傷狀態，也就是一個幾乎與過去無異的未來，走向一個使用嶄新經驗、資訊與可能性所建構而成的開放未來。

追憶似水年華

情節記憶（有時稱為自傳式記憶），多半不是刻意喚起，而是做為我們生活中具有代表性的小插曲自然地浮現。在意識的層級上，這種自傳式記憶，比起來「購物清單」類型的陳述性記憶，較不具意識，但又比接下來要探討的內隱記憶更有意識一些。一般而言，情節記憶可以感受到更多細節差異，而且比起陳述性（事實的）記憶，更有模糊與隱晦的空間。當把注意力集中在記憶的大致方向時，我們會隨著情節記憶模糊地游移，在回想中進進出出。雖然這些記憶有時顯得模糊不清，但在其他情況下，可能會呈現一種鮮明逼真、栩栩如生的特質。與「雜事清單」似的陳述性記憶相較，情節記憶通常更為自然、有趣且生動。情節記憶多半會對我們的生活產生一種重要卻可能隱晦的影響。

我可以舉出一個自己的情節記憶當例子。記得在我讀布朗克斯區94小學五年級的第一天，回家路上和朋友邊走邊聊天，跟他們抱怨我的新班導有多糟糕。有人輕輕拍了我的右肩，打斷我誇張且不成熟的委屈碎念。我轉頭看到頭髮花白的克茲老師，感覺自己的胃整個沉了下去。「你真的覺得我有那麼壞嗎？」她眼神疑惑地看著我，歪頭問道。故事有個快樂的結局。克茲老師是我在小學生涯裡遇過最棒的老師。雖然半悲半喜，但我一直樂於擁抱這段情節記憶。儘管我很難想起五年級時發生的其他事情，這段回憶算是濃縮並代表了這徹底改變我的一年。當然現在我不會像當初感受到老師輕拍我肩膀那樣胃痛抽筋。

如前所述，回顧那一年，除了克茲老師的這段記憶，我幾乎不會主動回想過去。事實上，從一年級到六年級，我只記得一些零散的片段，而且大部分都很不愉快。其他所有的老師都超級無聊，有些甚至很殘忍暴虐。我的基礎小學經驗（「模式一」）並未體現「教育education」一詞的拉丁字根所代表的意義（educare，意思是培養或拉拔），只有把各種科目塞進我的喉嚨而已。我討厭學校，學校也討厭我！

克茲老師這段情節記憶，後來演變成我個人自傳式敘述中一個很重要的部分，成為我如何理解並告訴他人，我生命中這段時光的方式。雖然一開始並不這麼覺得，但對於克茲老師的記憶後來變成了一種支點，是一個轉折點，讓我遠離另一種充滿壓迫的可怕「學習」經驗。這段記憶促成了一種新的複合記憶誕生，在這種記憶中，學習可以很正向，甚至有趣。我因此擁有了一個新的信仰體系，這個體系貫穿了我未來接受的教育，延伸到現在的職業與嗜好。

五年級之後一直到國高中（一個危險又暴力的地方，到處充滿持刀的布朗克斯幫派分子），我在科學與數學方面遇到四位正向積極的導師。然後在大學裡，我又遇到幾位很會鼓勵學生的老師，非常支持我對學術研究的興趣。一直持續到研究所，我在柏克萊大學校裡與校外都吸引到重要的導師，並在那裡完成了我的碩士學位。這些充滿智慧的嚮導包括唐納・威爾森（Donald Wilson）、尼古拉斯・廷柏根（Nikolas Tinbergen）、恩尼斯特・蓋爾霍恩（Ernst Gellhorn）、漢斯・薛利（Hans Selye），以及雷蒙・達特（Raymond Dart）。他們都願意讓我在他們的羽翼下成長。之後，在我做為身心治療師的整個發展過程中，受到了更多願意給予、關懷，並提出挑戰的老師與治療師的照顧，其中包括艾達・羅爾夫（Ida Rolf）和夏洛特・塞爾弗（Charlotte Selvers）。現在，我發現角色反了過來，我成了數百名學生的導師，他們又再去引導他們的學生，這些學生再將自己治療的影響力擴展到成千上萬的他人。

謝謝妳，克茲老師。感謝妳對教學抱持著熱情、幽默、喜悅與興奮，感謝妳讓我擁有一段重要的記憶，讓我吸引了指導我的導師，也讓他們吸引了我。我相信六十多年前妳友善地輕拍我的右肩，改變了我的人生方向。事實上，我相信這段記憶改變人生的方式，會讓我現在帶著驚奇與感恩的心去思考。情節記憶透過這種方式扮演重要的角色，創造積極未來。這段記憶，隨著每次的回想，變得越來越豐富，也更加有意義。這種自然的更新升級，通常只要在有意識的覺察之下，就是記憶原本應有的運作方式，也是記憶發揮活化功能的方式。

情節記憶在時間與空間中引領我們方向，選擇合適的過往經驗，將有利的結果投射到未來。當然，我們對這種記憶的了解，大多出自他人之口，像是我之前敘述了克茲老師的故事。然而，即使是「低等」的松鴉也展現出類似情節記憶的有力證明。

克雷頓（Clayton）與狄金生（Dickinson）在對西叢鴉的研究中提出證明[10]，這些鳥擁有類似情節記憶的系統，提供了強大的生存優勢。這種鳥類顯然不但能夠記得自己存放不同食物的地點，還能依照不同狀況進行取用。取用的區別在於食物容易腐爛的程度，以及藏了多久時間。牠們能夠記住特定已發生的暫時事件是什麼，像是內容、地點與時間，也能夠在之後提取並利用這些資訊。觀察到的這類動作，根據這兩位還有其他研究學者的說法，正符合情節記憶的明確行為標準。

對於蜂鳥也曾有類似研究，發現牠們能夠記住某些花的生長地點，以及最近去過這些地點採蜜的時間。這樣牠們就能有效地採到最多的新鮮花蜜。其他研究亦發現幾種不同的動物擁有與這種類型相同的情節記憶，包括大鼠、蜜蜂、海豚，當然，還有各種靈長類[11]。就和許多我們以為純屬人類的行為一樣，最後發現情節記憶有著分布極廣的演化軸根。這種記憶力不是只屬於沉思的詩人，或是像我這樣懷念著小學五年級老師的人才能擁有。

一般認為，人類最早的情節記憶可以追溯至三歲半的年紀，也就是海馬迴功能開始獲得充分發展的時候。然而，有證據顯示，情節記憶在某些狀況下，可以追溯到更早的時期。透過我的母親佐證，我可以有把握地說，我最早的情節記憶大概是自己約兩歲半的時候。當時我坐在幼兒床旁的窗邊，一道光射進寂靜的房間，讓我看得入迷。舞動的微塵粒子在半透明的光束中閃閃發亮。我記得媽媽突然打開門，打斷我對閃爍光束的癡迷❽。當然，我不知道微塵、光束或閃爍是什麼。直到很久之後，我才學會這些詞，還有分別的定義。然而，那種陽光如夢似幻的迷人感覺，至今還留有一種「神奇」的活力，在我心中迴盪。正是這種不斷豐厚的神祕記憶，鼓勵我活在當下，也活在光與靜的遼闊之中，持續在我的精神旅程中不時提點，每一次遭遇可以同步的相似場景，便會讓我內心深處的「自我」進行更新升級。

內隱記憶：情緒記憶與程序性記憶

與「冰冷」的陳述性記憶和「溫暖」的情節記憶截然不同，內隱記憶十分「熾熱」，且非常具有強制力。相對於有意識的外顯記憶（陳述性與情節記憶兩者均包括在內），內隱記憶則是另一大類。這種記憶無法刻意喚起，或是以「夢幻般」的回憶碎片來存取。相反的，內隱記憶是以感官、情緒與行為拼貼起來的形式浮現。內隱記憶會偷偷出現，又偷偷消失，通常不受我們意識範圍的控制。這樣的記憶主要的運作是圍繞著情緒與／或技能，或是「程序」，也就是身體會自動執行的事情（有時稱為「動作模式」）。儘管在現實中，情緒記憶與程序性記憶混合在一起，但我會先將這兩種類型的內隱記憶區分開來，才能解釋清楚。情緒記憶會對我們的行為產生重大作用，這點無庸置疑。而程序性記憶通常會對我們人生軌跡的形塑有著更深遠的影響，無論好壞。

---

❽ 已經向我的母親求證過。她記得很清楚，包括我當時的年紀，因為那年我們家剛搬到新的住處，我擁有了自己的房間。事實上，她甚至記得看到我癡迷地盯著那道光束。

情緒方向舵

根據的廣泛觀察，情緒是所有哺乳動物共有共通的本能。我們人類歸屬於這個類別（雖然並不總會承認這種隸屬的關係），也從中獲得了相似的本能。這些「哺乳動物共通」的情緒，包括了驚訝、恐懼、憤怒、厭惡、悲傷與快樂。我斗膽在這一系列與生俱來（「感受知覺」）的情緒中，另外加入好奇、興奮、開心與勝利。

情緒記憶的功能，是對當下與日後可能需要的重要經驗進行標記與編碼。就像書籤一樣，情緒是充滿能量的信號，能夠從可能的動作記憶這一整本書中，挑選出特定的程序性記憶。情緒能夠促使行動主題的組織。如此一來，情緒記憶會在遠低於意識範圍的水平之下，與程序性（「身體」）記憶相結合（參見圖2.2）。情緒提供與生存和社交相關的數據，告知面臨怎樣的情況，該做出怎樣的適當反應，尤其是在等想清楚會來不及，而且反而反應不恰當的時候。因此，這些記憶對我們個人的幸福與種族的生存來說至關重要。重點在於要認識到情緒記憶是透過生理感官的形式讓身體獲得體驗。事實上，我們可以在圖2.3中看到每一種主要情緒清晰的身體模式。

情緒記憶的觸發通常是因為當前情境帶有相似類型與強度的情緒特徵。在過去，這些情緒喚起了程序性記憶，也就是基於生存的行為（固定行為模式）。這樣的行動反應一般會是成功的策略，但在創傷的情況下，顯然是悲劇的失敗。這種適應不當的習慣性反應，會讓個人深陷於未解決的情緒焦慮、脫離現實，以及困惑之中。不過，我們先來了解一下正向情緒在共同的社會人性中所扮演的核心角色。

你怎麼知道我知道你些什麼…

如果你會每天練習將情緒敞開，面對所有遇到的人，面對所有遭遇的情況，不關上心門，相信自己可以做到，那麼你就可以走得更遠。然後你將會理解曾在這個世界上被教導過的所有教義。

——佩瑪・丘卓（Pema Chödrön），佛教導師

從達爾文之前就開始，一直延伸到現在，已經有無數與情緒相關的理論誕生、推廣、丟棄，最後報廢。這些綱要包含了哲學、生物學、成長發展、心理學，以及社會學的假說。然而，簡單來說，社交相關的情緒具有兩個主要目的：第一個是向他人傳達自身的感受與需求，第二個是向我們自己傳達自身的感受與需求。這種雙重功能可以讓兩個個體互相參與彼此的情感。這是一種內在世界的親密分享，有時稱為「主體間性」。這種情緒的共鳴，讓我了解你的感受，以及我自己的感受。我們共享這個連結，因為這種情緒會透過臉部表情與身體姿勢向其他人發出信號，傳遞情緒。而同時也因為我們臉部與身體肌肉的動作（以

及來自我們自主神經系統的回饋），所以感覺器官會將模擬的回饋傳送至我們的大腦，提供我們這些表情的內在感受。

情緒是較為高階的功能，讓我們分享對彼此的感受，體會彼此的需求，並帶領我們進行互動。從嬰兒的初次啼哭與微笑到學步兒的興奮尖叫與發怒哭鬧，從青少年的調情曖昧到成年人的親密對話，情緒是一種簡明的關係交流形式，是一種原始的認知。因此，社交情緒的核心作用，在於促進我們與自己和與他人之間的關係。這也是我們合作與傳達社會規範的方式。

情緒具有連結我們與自己深層內在的潛在能力。情緒是內在提醒的一部分，告訴我們自己有什麼需求。情緒是我們與自己連結、了解自己的方式與基礎。情緒是與內在認知、內在聲音與直覺連結的重要部分，能夠與真正的自己連結。情緒將我們與體驗自己的核心方式連結起來，以及我們的活力、精力，與人生目的的方向。事實上，述情障礙是最令人焦慮的「心理」狀態之一，也就是無法與自己的情緒連結、命名和交流。這種令人不安的情況通常與創傷相關[12]，而且會讓遭受這種痛苦的人處於一種低落的麻木狀態，彷彿「行屍走肉」一般。

接下來讓我們聚焦記憶的最深層，對程序性記憶的嵌入層進行討論。

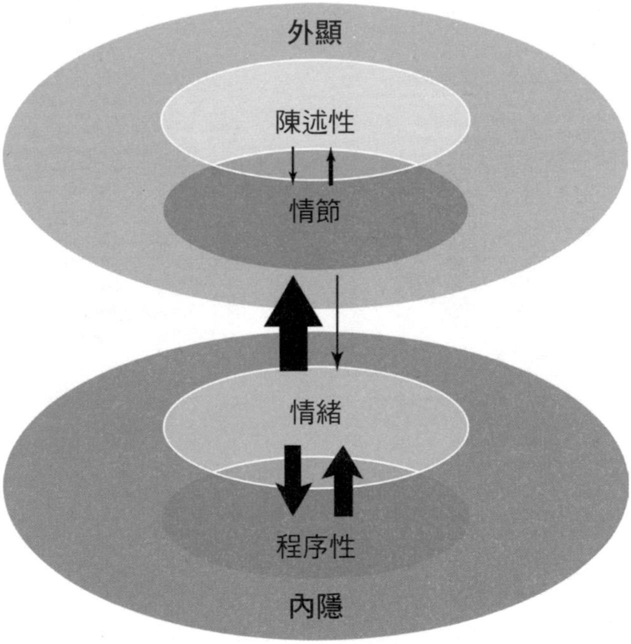

圖 2.2　記憶系統之間的交互關係

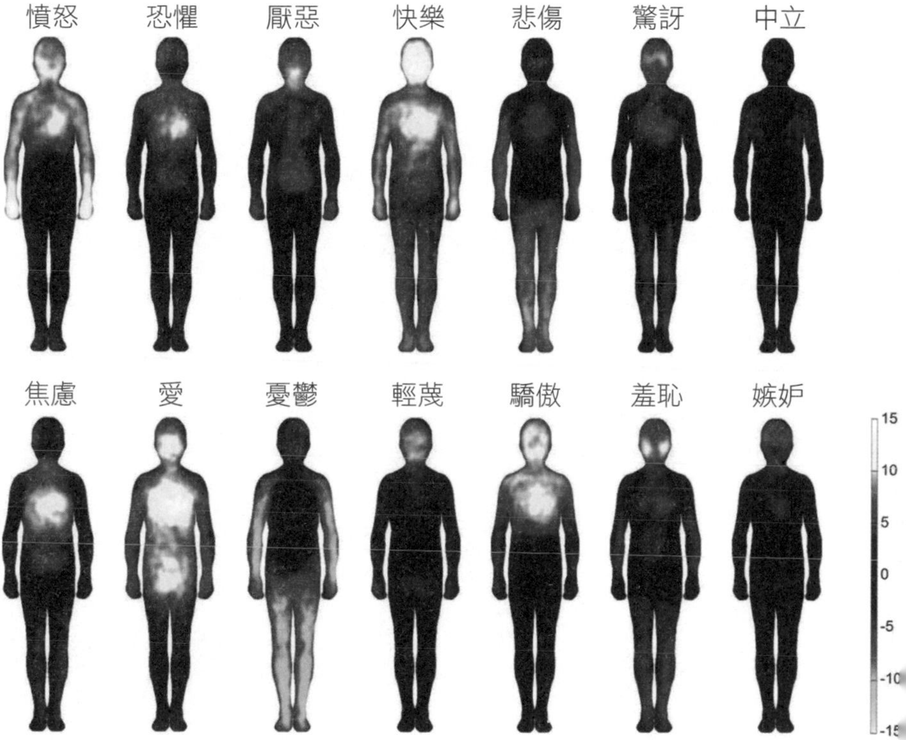

資料來源：羅利 · 努門瑪（Lauri Nummenmaa）、恩利可 · 葛雷倫（Enrico Glerean）、瑞塔 · 哈利（Riitta Hari）與亞利 · K · 赫塔南（Jari.K.Hietanen）合撰，〈情緒的身體地圖〉（Bodily Maps of Emotions），收錄於《美國國家科學院院刊》（*Proceedings of the National Academy of Sciences*）111 卷第 2 期，2014 年 1 月發刊，頁 646-651）
http://www.pnas.org/cgi/doi/10.1073/pnas.1321664111

圖 2.3　情緒呈現的身體特徵

第三章

程序性記憶

頭腦忘記的，幸好身體沒有忘記。

——佛洛伊德（Sigmund Freud）

情緒記憶是「標記」，而程序性記憶是動力、動作與身體內部感覺，引導我們進行各種行動、技能、吸引與排斥。程序性記憶可以分成三大類。第一類與習得的肌肉動作相關，包括但不限於像是跳舞、滑雪、騎單車和做愛等技能。透過練習，這些「動作模式」可以運用更高階的大腦區域不斷修正，例如學習並融合新的探戈舞步，以及透過結合更多的感性與克制來精進性愛的過程，就像譚崔性愛技巧教導的方法。

第二類程序性記憶則與本能的緊急反應相關，是我們在面對威脅時會運用的基礎生存本能。這些固定的動作模式包括支撐、收縮、退回、戰鬥、逃跑與凍結，還有領域邊界的設置與維護。這些必要的本能緊急反應，在創傷記憶的形成與解決過程中，扮演了關鍵的角色[9]。

第三類程序性記憶是基礎生物[10]反應傾向，例如趨避反應和吸引排斥反應。在生理上，我們會趨近可能成為營養與成長的來源，並迴避傷害與毒性的來源。迴避的機制包括了僵硬、退回與收縮等動作。另一方面，趨近的機制包括了擴展、延伸與碰觸。吸引的模式包括接近和我們關係親密的人，以及朝著人生渴求的事物前進。迴避的模式包括閃躲聞起來或嚐起來不對的食物，以及避開看起來會對我們造成「情緒毒性」的人物。

這些趨近與迴避的動作模式，構成了生活中潛在的原始動力方向舵。這些模式是所有生物體的行動藍圖，從低等的阿米巴原蟲，到我們與世界和他人之間複雜的人類互動都一樣。於是，這些模式就成為引導我們度過人生的羅盤。我們可以將這些基礎功能（有時稱為「快樂計量」）看成是有著黃燈（警示與評估）、綠燈（趨近）與紅燈（迴避）的交通號誌。接下來會看到一個範例，探討這些內在的指示線索經常隱藏起來的動力，以及我們如何運用這些指示線索繞過障礙並獲得滋養。

---

❾ 雖然過去並未將之歸類於程序性記憶，不過普遍臨床經驗均認為，與緊急情況相關的生存行為模式可以歸入此大類。事實上，這些固定行為模式（FAP）可以透過較高（內側）額葉區域的選擇性抑制來修改，因此會表現出其他程序性記憶典型的學習特徵。

❿ 有機體指的是一個複雜的生命系統，特性與功能不僅取決於各個部分的特性與關係，還有組成整體的特徵，以及部分與整體之間的關係。

阿諾與我

請容許我再舉一次自己的例子。以下的小故事說明了程序性、情緒、情節與陳述性記憶的功能，如何靈活地編織出我們的生活結構。

大約二十五年前，我到紐約市探望我的父母。在參觀了一整天的博物館後，我坐上往北的地鐵D線。剛好是下班高峰，車裡擠滿了身穿深深淺淺灰色西裝、歸心似箭的上班族，大部分人的腋下都夾著摺得整整齊齊的報紙。有名特別高大的男性引起我的注意。我朝他看了一眼，這個陌生人讓我感受到一種模糊但發自內心的溫暖，還有一份不可思議的輕鬆自在。我發現自己的胸部和腹部特別地開展或說敞開，同時還有一絲絲想要靠近他的欲望。

我們兩個人都在205街，也就是布朗克斯區的最後一站下了車。我順著雙腳的奇特衝動走到他身邊，發現自己碰了他的手臂。我們懷著共同的好奇望向對方。「阿諾」這個名字意外地從我嘴裡冒了出來。我不知道究竟是誰比較驚訝，但我們倆就這樣站住不動，困惑地看著對方好一會兒。那時我才意識到我和阿諾是小學一年級的同學，這已經是四十多年前的事了。

六歲那時，我是班上年紀最小的孩子。我的耳朵特別大，經常被人欺負。阿諾是唯一一直都和我當朋友的孩子。就這樣，我們為一段持久的友誼關係奠下了基礎。幾十年來，他的友善保護以一種印記的形式儲存，蟄伏在我的情緒與程序性記憶庫中，直到那一瞬間的姿態與長相提供了再認（recognition）的指示線索，才又帶領我走向他，並發現我們擁有的共同過去產生了新的情境。

我一邊爬上山坡往爸媽住的公寓走去，一邊感受著脊椎挺了起來，好像有一根隱形的線輕輕把我的頭往天空的方向提起。我的腳步明顯變得輕快。小學一年級時的許多畫面與感覺感動了我。有了這些情節記憶加上心胸敞開的感覺，我才能夠去反思一些痛苦的時刻。我記得我的同學們如何用「小飛象」這個綽號嘲弄我，只因為我有一副大耳朵。

然後，在我走進公寓時，清晰地感覺到了我的雙腿與雙臂湧出了身體上的力量，胸口也充滿著自豪。因為這種程序性意識，另一段情節記憶具體浮現出來，我回想起最後一次遭受霸凌的時候，是距離現在六十多年前了。那時我被兩個最兇惡的小霸王包圍，事實上是一對雙胞胎。我現在眼前還能浮現當初把我逼到干丘路上迎面而來的車流中，那兩張刻薄嘲弄的臉。我們所有的人都很驚訝，因為我開始瘋狂揮動手臂，挑釁地朝他們走去。他們停下腳步定住不動，表情急遽變化，從嘲笑輕蔑變成震驚恐懼，然後逃走了。那是我最後一次被欺負，之後其他孩子都很尊重我，會邀請我跟他們一起玩。

這個故事說明了程序性記憶與情緒記憶持久的重要性，是我們一生中可以隨時取用的具體化資源。我第一次在地鐵上注意到阿諾時，浮現的「記憶」是一種微弱的內隱記憶，對他有種奇特的親近感，完全沒有任何緣由或情境。這種程序性記憶化作長時間的凝視，胸口微微擴張、脊椎挺直延展，然後我的腹部產生一股溫暖而寬闊的感覺。然而，當我朝他走近，口中說出他的名字時，就開始從內隱的程序性記憶（身體感官、姿勢、肌肉動力）轉變為情緒記憶（驚訝、好奇），然後再變成可以讓我順應與反思的情節記憶（參見圖2.2）。

隨著通往過去的大門打開，我能夠更有意識地去回憶那年發生的一些冒險片段，或說是情節記憶。我因為年紀的關係，所以半途插班，面對新環境與大家格格不入而感到難受，不過有感受到阿諾給予我的支持，讓小時候的我能獲得自己的力量與自信，最後重新連結到我如何起身對抗班上的小霸王，獲得其他孩子的接納，取得勝利。在這些情節記憶中，當我想像自己對抗那些小霸王的時候，就能感覺到手臂和肩膀蓄勢待發、充滿力量。就在這一刻，我的情節記憶再次喚醒了防衛、力量與自我保護的程序性記憶。充滿勇氣與活力地走在公寓的樓梯上，我感覺到溫暖、感激與自豪。我現在可以將這段情節記憶運用陳述的形式，敘述成一個連貫的故事。

與最初在地鐵上遇到阿諾的程序性吸引相較，我在走向爸媽家時，回想起小一遭遇的回憶，則是情節記憶。這些記憶是在相對比較有意識的層面進行的回想，雖然說主要還是屬於自發性動作。與普魯斯特的《追憶似水年華》一樣，我在阿諾身上感覺到的那種神祕（程序性）吸引力，是因為內隱的觸發因素而喚起。普魯斯特書中的情節，觸發因素是糕點浸了茶水後的味道。他想的不是：「喔，這塊糕點讓我想起小時候，媽媽會給我一杯茶和一個瑪德蓮蛋糕，這讓我想起上學的那段路。」相反地，茶加上瑪德蓮的感官體驗觸發了大部分在潛意識中運作的程序性、情節與情緒過程。對我來說，觸發點在於我對於阿諾的長相、姿勢與動作呈現的各種樣貌與輪廓，有著久遠而內隱的再認。不知不覺中，我透過某種方式，整理了在這一生中接觸過的數十萬張面孔、身體、姿勢與步態，然後推斷出小時候見過的這些模式，屬於這名四十六歲的男性！唯一可能的原因，是阿諾在將近四十年前，在生理、情緒與人際關係上，對我造成強大的影響。

如果做為成年人，碰巧在街上遇到小時候認識的人，我們很可能不會有意識地認出他們。然而，我們可能會體驗到一種特別的感覺基調與相關情境：如果曾經是朋友，會感到快樂；如果曾經受欺負，會感到恐懼。換句話說，我們會區分朋友與敵人，雖然可能連對方的名字都不知道，也不記得是在哪裡認識他們，甚至是不是真的認識他們。也就是說，要等到情緒的程序性記憶轉化成情節記憶的拼貼，再變成陳述性形式，才可能真正想起。超級電腦，例如ＩＢＭ的華生，面臨的正是能否執行如此複雜的模式再認工作。即使是最先進的超級電腦與其菁英軟體工程師，都無法像人類與動物一樣再認並運用「情緒基調」。這就是內隱記憶顯而易見的力量，能夠紀錄情緒上的精微差別、人際關係的經驗，並在我們整個人生的發展弧線中持續對意義進行計算處理。

在內隱與外顯記憶之間移動的能力，從較無意識到更有意識（反之亦然），也是創傷經驗整合與全面了解我們過去、現在、未來是誰的重要主題。我對阿諾的記憶證明了內隱與外顯記憶系統之間連貫交流的價值正是這種感官、感覺、意象與行動之間的流動關係，讓我能夠編織出嶄新的成人敘事，增強了我在掌控、成功、活力與自我等方面的覺察。能夠重新獲得自信並感覺到自己的力量與能動性，對我來說正是時機。我相信這有助於提供一個基礎，讓我下定決心放棄一個消耗精力的「正職」，抓住能夠讓我釋放出創造力的自由。這也許更給了我信心，讓我全心全力在學術與產業界之外的領域，做到經濟上的自給自足。這種獨立的能動性激勵我對治療願景的追求，讓身體經驗創傷療法成為我一生的志業。事實上，這段旅程說明了程序性記憶的重要性，是讓人生前進的具體化資源。

有多少人像阿諾一樣「活」在我們的心靈中，加強或擾亂我們的情緒，並控制我們的身體反應呢？儘管我們可能很難感覺到他們的存在，但我們都處在他們的隱影之下，無論好壞。事實上，意識範圍的雷達通常無法偵測的這些內隱記憶運作，多半會在我們最不期待或希望他們出現的時候啟動。為了打破這些負面的「情結」（通常與我們的父母有關），並增加正面的「情結」，我們需要培養自我探索與自我覺察反思的能力。我與阿諾相關的這個故事就是一個例子，說明我們如何敞開心胸，對生活充滿好奇與探索，以及讓這種能力帶動我們並賦予我們力量。

以下的案例研究也說明了情緒、程序與敘事對於我們理解這個世界來說，有多麼關鍵與重要。案例中可以看到，內隱與外顯記憶關鍵的整合交織已經完全崩潰。大衛是一名神經功能障礙患者，他的行為呈現出各種記憶系統彼此無法交流，也就是放空、斷聯或分離時會發生的狀況，或多或少都顯示出受到了創傷。

大衛，被放逐在一座孤島上

大衛的邊緣系統受到嚴重的腦傷，成年後大部分時間都住在智能障礙照護之家。機構裡的照護人員開始注意到大衛的行為中有一個有趣的怪僻：他仍然留有對食物與其他感官的喜好，常常會跟其他患者索取香菸或分幾口食物。工作人員注意到他似乎總是受到某些住民吸引，而且越來越常對這些特定人士提出要求。有一次偶然觀察到，大衛在走廊上碰巧遇到一個特別不友善的人時，他的身體受到驚嚇，抽搐起來，然後「凍結」。接著他會突然轉身繼續走，好像什麼事都沒發生過。

如果我們僅是去觀察大衛的日常行為，他顯得相當正常。我們會看到他朝著過去幫過他的人走去，並避開那些沒幫過他的人。看起來他分辨他人意圖的能力沒有缺損，而且可以做出適當反應。然而，儘管他似乎有能力透過反覆趨近或迴避不同的患者來辨認他們，但沒過一會兒，他就變成記不得剛剛與誰互動過，或是有意識地認出他們的長相。不過，顯然他的身體的確記得，因為他似乎會對不同的特定人士採取趨近或迴避的行為，在某種程度上維持上次遇到這個人時做出的舉動。

所以的智力測驗都顯示，大衛的智商高於平均數值。純認知推理測驗沒辦法設計成能夠顯示出智商缺失，且剛好相反。事實上，當不涉及情緒或人際關係聯想時，大衛在推理方面的智力保留得很完整。從這方面看來，大衛顯得完全正常，甚至異常聰明，而且智商很高。但是，更複雜的測驗顯示，大衛做出道德判斷的能力（需要細緻的情緒與人際關係基調）就損害得很嚴重。

照護之家知名的資深神經科醫師安東尼奧・達馬西歐（Antonio Damasio），設計了一個聰明的「好警察、壞警察」實驗，用於評估大衛的行為與大腦功能[13]。達馬西歐要求不同的工作人員在大衛接近他們的時候保持一致的舉動。第一組只用友善的微笑回應，並且總是提供幫助。第二組表現得不友善，並說一些讓他困惑的話。第三組在他靠近時保持中立的態度。

接著要求大衛參與照片「排列」的活動。看著四張照片：一張友善的人，一張不友善的人，一張中立的人，一張他從未見過的人，對於才剛剛互動過的人，大衛完全叫不出名字，也挑不出照片。這些人對他來說彷彿是不存在。然而，儘管在實際社交情況中，大衛顯然無法有意識地辨認出長相（排列出的照片可以證明），他的身體還是會刻意選擇朝友善的人走去，明顯避開不友善的祕密幫手。這種選擇在超過八〇%的時間內重複發生。此外，其中一位在實驗中分到不友善組的是個年輕漂亮、天生熱情的女研究助理。大家都知道大衛深受美女吸引，喜歡跟她們調情，但卻不太會去靠近這位女性請她幫忙。在八〇%的情況下，他選擇的是那位相貌平凡、始終友善以對的男性。

是什麼讓大衛在甚至無法（有意識地）辨認出任何面孔或喊出名字的情況下，還能選擇特定的某些人呢？顯然，他對之前與這些人的接觸，有著完整的程序性記憶。這樣的記憶可以透過他明確的趨近或迴避行為來證明——身體明顯記住了，儘管「他本身」對這些接觸沒有意識上的記憶。在選擇友善與避免冷淡的拒絕時，他的身體在某種程度上被某些（內隱）感覺程序，也就是趨近與迴避的效價。

因為顳葉的嚴重腦傷，大衛失去了大腦中段的功能，也就是記錄情緒與人際關係的區域。他的腦傷損害了顳葉很重要的部分，包括了杏仁核與海馬迴這兩個涉及情緒與短期（空間—時間）記憶與學習的結構。此一特定的痛苦讓大衛遭受放逐，獨自一人在孤島上，與自己的過去和未來分離，無法做出道德判斷，也無法建立能夠超越當下繼續延伸的人際關係。這真是噩夢般的場景，他顯然「幸運地」沒有任何意識。

儘管有著各種缺陷，大衛多少還是能夠計算並執行複雜的趨避行為決定，即使他完全沒有意識到這點。因為他擁有選擇趨近或迴避的完整能力，我們可以假設這些「決定」一定是發生在上段腦幹，包括丘腦、小腦與不隨意的錐體外運動系統。這些程序和「原始情緒」的計算，大衛的情緒大腦能力無法處理（因為嚴重腦傷的關係，已經破壞殆盡），而且完全超出他的（推理）新皮質範圍。這種由腦幹上段在無意識狀態下做出的趨避決定，甚至強大到足以覆蓋他對不友善的美女祕密幫手原有的「下流」衝動。

大衛會接近某位特別友善的工作人員，這個決定極不可能發生在（功能完整的）大腦皮質中。正常來說，在看到一張臉時，許多人會天真地假設，我們是先在腦中分析，然後根據自己有意識的觀察、思考與評估這個人究竟是不是友善——接著在做出適當反應。如果大衛分辨一個人是否友善，並「決定」要趨近而非迴避，是在有意識的新皮質範圍運作出的結果，那麼大衛與他人的接觸應該會擁有可靠的陳述性記憶，而且必定能夠在達馬西歐的「排列」實驗中挑出正確的人。顯然情況並非如此。

大衛趨近或迴避祕密幫手的決定，也不可能發生在他的情緒（顳葉邊緣）大腦區域，因為這整個區域大片受損無法運作。因此，他的大腦為能做出這些複雜「決定」的部分，只剩下腦幹、小腦與丘腦。然而，如果沒有邊緣系統（負責情緒與人際關係）的中介，大衛無法將資訊從原始腦幹（根據身體的趨避效價）「上傳」至大腦邊緣系統，以便將他與祕密幫手之間建立起關係時感覺到的特性與情境記錄下來。在這裡，資訊會被儲存成情緒記憶。然後反過來，邊緣（情緒）記憶會正常地上傳至前額葉皮質，然後經過記錄、存取與編譯，成為包含了姓名與長相的情節與陳述式記憶。但是，對大衛來說，他完全無法照著順序來處理，也無法將記憶上傳到前額葉皮質。不是因為皮質功能不全（並未受損，大衛高於平均值的IQ可以證明），而是因為他無法根據（正確的）腦幹程序趨避效價來記錄情緒記憶。

在這裡可以得出的唯一合理結論是，在腦幹上部與丘腦中，存在一種複雜的評估能力，這種能力穩定地允許八〇%的絕對準確率，以及高度分化的決策樹（decision tree），在趨近（營養）與迴避（威脅）之間做出內隱的選擇。在腦幹層面以如此明顯的決定方式運作，其實是與一般人對人類記憶與意識的想法背道而馳。

本書主題的核心是程序性記憶的存在，這種記憶深藏在正常的清醒意識之下，是臨床處理創傷記憶的關鍵。

第四章

情緒記憶、程序性記憶與創傷結構

本章首先要討論程序性記憶如何形成我們感官的基石，另外也形成許多感覺、思想與信念的基石。除此之外，還會討論如何運用程序性記憶與創傷「重新協商」，不論是讓人失去力量的大創傷，還是看似無關緊要的小創傷。

在第三章我們討論過，內隱記憶中至關重要的子分類，也就是程序性記憶，其中涉及了動作模式。這些動作程式包括：①習得的動作技能、②趨避效價[14]，與③生存反應。後兩者會帶動固定行動程式（動作模式），也就是由演化來負責執行，與我們的生存和幸福相關的必要動作。

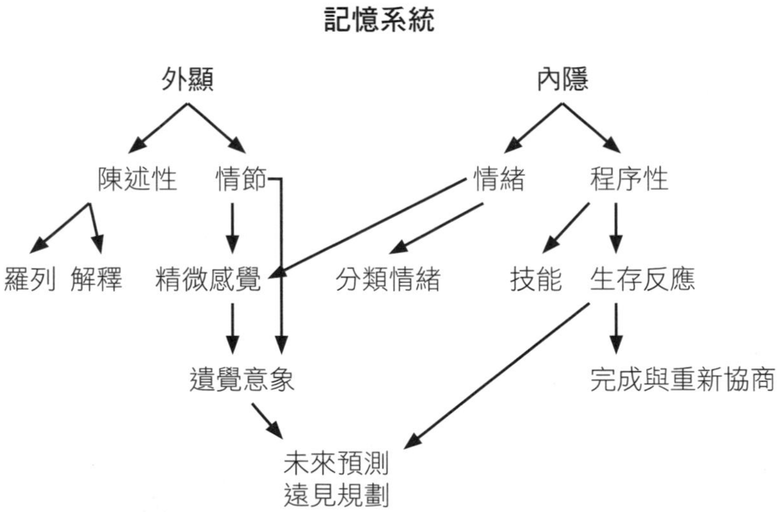

圖 4.1　在規劃與未來預測（在生活中前進）中，外顯與內隱記憶系統之間的關係。

要探討任何治療方案，程序性記憶最為重要，因為這種記憶執著、有力而持久。必須注意到的是，在所有記憶子系統中，基於本能生存反應的系統最有深度且強制力高，在受到威脅與壓力時，通常會覆蓋掉其他內隱與外顯的記憶子類型（參見圖4.1）。

我們首先來探討以習得動作技能為例的程序性記憶。學騎單車似乎是一項就算不到可怕，但也算是艱鉅的任務。但若是在父母或兄姊的溫柔支持下，我們能夠掌控引力、速度與動能等不可思議的力量。按照程序一步步學習，不需要使用任何精確的物理或數學知識。主要是透過嘗試錯誤來掌控這些力量，而必要的學習曲線一定會十分陡峭。俗話說，學會了如何騎單車就一輩子不會忘記，對大部分的程序性記憶來說，不論好壞，的確是事實。因此，如果在我們學車的初期不幸壓到石子摔得狗吃屎，那麼必要的平衡動作與身體姿勢以及騎車的適應性便會受到影響。

而在終於學會騎車之後，可能會因為猶豫而騎不穩，或者剛好相反，變成天不怕地不怕的「反恐症」。原本應該進化成精細的動作技巧被覆蓋，取代成一種基於生存的習慣性反應模式，肌肉會表現出支撐與收縮，或以反恐的冒險行為過度補償，這兩者都不是最佳結果，也成為程序性記憶持久性的不幸範例。事實上，適應不良的程序性與情緒記憶持續固著下去，便會形成一種核心機制，支撐著所有創傷，以及許多問題社交與人際關係議題。

漸漸地，經過反覆的嘗試錯誤、成功與失敗，我們的身體會蒐集資訊，區分動作策略哪些有效、哪些無效。舉例來說，哪些狀況我們應該要趨近，哪些應該要迴避？什麼時候應該選擇「戰或逃」，什麼時候選擇「凍結」並保持不動？從安娜身上我們可以看到適應不良的程序性記憶持續固著的案例，她小時候被祖父性侵，現在成年了，卻在深愛的丈夫碰觸自己時變得僵硬、退縮，最後因為恐懼與厭惡而崩潰。安娜對於分辨誰安全、誰危險這件事感到一種非常沮喪的困惑，再加上基於生存的偏誤，認為就算只有最表面的相似也代表了危險。在這個案例中，共同的觸發點就是男性與碰觸。因此，安娜的創傷（不管她是否有意識地記得），讓她不幸地誤認自己最親密、最貼心的朋友會造成暴行的威脅。

在安娜的治療中，她允許自己去感受想要推開丈夫的衝動，這是一種基於生存的不完全反應。這種反應屬於程序性記憶，脫離情境參照，但讓她彷彿又像是被祖父的魔掌抓住。更深入去感受身體的僵硬與收縮，腦海中會自然而然地浮現祖父的影像與充滿煙味的呼吸。然後安娜產生一股想推開他的衝動。專注於那種衝動時，她的雙臂感覺到一種試探性的力量，以及一種自憐的情緒，知道還是小孩子的自己沒有辦法將祖父推開。接著，在她嘗試推開祖父（的影像）時，感覺到了一股怒氣與持續的力量。之後安娜產生一陣噁心的感覺，額頭上滲出汗珠。

這種自發的反應滿足並完成了想要抵禦祖父的驅力，這是針對試圖擺脫祖父的程序性記憶去重組原始受挫反應過程中非常重要的一部分。產生這種自發反應之後，安娜深吸了一口氣，雙手感覺到滿滿的溫暖，然後是出乎意料的平靜。安娜滿心感謝，表示現在非常期待回家。下一次回診時，她回饋道，現在自己能夠享受丈夫的撫觸，也能在他的懷中感到安全。安娜要求我們可以開始幫她逐漸準備好，與珍愛的丈夫進行一些初步的性愛探索。

是敵是友？

如同第三章所介紹，在相對安全的時期，溫和的情緒與精微的感受能夠發揮形成與維持人際關係的動力功能。這種功能是透過將重要的社交資訊傳達給他人與自己來作用。這些周邊情緒能夠在社交情境中引導我們，並產生群體間內的凝聚力。這是透過廣泛的感受來達成，特別是我們認為正面或「幸福」的心理，像是喜悅、關懷、歸屬感、目標明確、合作與和平。遇到一位好久不見的朋友時，我們會感到滿心的快樂與喜悅。又或者親密的人離開或過世，我們可能先是哀痛，然後被一種洗淨的悲傷與美好的回憶填滿⓫。

有時候，低到中度的憤怒是在提醒我們，有些狀況干擾了人際關係或工作的進行。接下來，希望這種憤怒能夠引導、鼓勵，並給予我們力量去消除障礙，從而恢復關係並向前邁進。中度的情緒則代表著危險的可能性。我們透過身體語言、姿勢與臉部表情，將這種可能性傳達給他人。做為社交性動物，在察覺環境中的危險時，我們會繃緊神經，隨時準備採取行動，並且給予他人警示，然後一起合作，採取保護、迴避、防禦或攻擊的行動。

高度的害怕、生氣、恐懼或憤怒，強迫我們全力採取立即且明確的行動，透過無意識的選擇並喚起特定的程序性記憶，做出戰逃反應。如果無法完全執行這些動作，或是感覺不知所措，便會凍結或崩潰，一片空白無法動作，保留能量直到回復安全狀態。總而言之，高度刺激的湧現與強烈情緒的衝擊，會將我們「翻轉」成程序性生存程式中的「殺人或被殺」（戰鬥或逃跑）模式，或者削弱我們的力量，讓我們陷入崩潰、羞恥、失敗與無助。

一般來說，中到高度由皮質下誘發的強烈「負面」情緒，特別是恐懼與憤怒，會警示我們危險的發生，並促使我們找到危險的來源，評估實際的威脅程度，然後採取必要措施來防禦或保護自己與他人。然而，如果評估出的結果發現並不危險，那麼採取的行動將會（剛好）變得沒有實際意義。在這種情況下，我們理想上會回到放鬆警覺的流動狀態。

我們當中誰沒有過這種經驗？被突如其來的聲音或移動的影子嚇到，莫名恐懼起來，全身僵硬，但過沒幾秒就很容易辨認出潛在的「危險」，並評估實際的重要性與風險。更常見的是，這種充滿緊張、引人注意，又會激發情緒的事件，其實沒什麼大不了，多半只

⓫ 巴西人將這種溫柔情感稱為 saudade。這個詞的定義，是失去所愛的人，但仍將他們放在心裡，所以他們從來不曾真正離開，而是永遠與自己在一起。

是門突然打開，或是窗簾被風吹動。如果我們擁有平衡且充滿彈性的神經系統，那麼不斷在觀察「此時此地」的自我／前額葉便會對情緒緊張的杏仁核說：「冷靜一點，放鬆。是你的朋友約翰開了門，我們等下要開會，他只是早到了。」因此，當我們能夠退一步，觀察並降低這些情緒的強度，我們就可能有辦法去選擇並修正這些生存反應。

下面這個例子是個同步動作的神祕巧合，我與蘿拉（我的編輯）想稍微休息一下，所以到米森奎伊湖邊悠閒地散個步。蘇黎世有許多美麗的公園，這裡是其中之一。我們在一群孩子中間漫步，看著他們在淺水池中戲水，在鞦韆和攀爬架上玩耍，在輕柔而充滿陽光的溫暖中放鬆，擁抱這一天的祥和美好，在感官豐富的環境享受樂趣。接著，我們倆幾乎是同步動作，發現自己停下腳步，心中一凜，甚至瞬間摒住呼吸。我們在同一時間環顧四周，盯著一叢高大的竹子，迅速注意到幾株約二十英呎高的竹子莫名地彎曲搖晃。我們保持警戒、緊張與高度專注，試圖找出威脅來源，並準備好儘快離開。除了竹子的動作外，我們注意不到別的事物。我們感官領域的光圈突然縮小，幾乎感覺不到公園的愉悅舒適。

對於生活在茂密叢林中的遠古祖先來說，這種移動與摩擦聲的模式很容易解讀成一隻蹲踞著在窺探的老虎。然而，考慮到這裡是地球上最不可能遇到任何威脅的地方，這種久經歷練的本能反應就顯得相當荒謬！事實上，定睛看清楚，便會發現這只是一群愛鬧的孩子，沒有遵守瑞士人嚴謹的規範，躲在茂密的竹林中，玩起叢林泰山的遊戲。他們興高采烈地將最高的幾株竹子扳到最彎。顯然這完全不是警報狀態，只是孩子在嬉鬧。對於最平和無事的狀態來說，這種引發恐懼的誇大反應，就是一個事實上屬於「偽陽性」的範例。一開始，我們反應「激烈」，彷彿搖晃的竹子的確存在威脅，儘管（在這種情況下）最後發現只是「假警報」。

偽陽性偏誤

在自然界中，就像蘇黎世的那個公園，偽陽性評估的後果相對較不嚴重。的確，我們把米森奎伊公園裡那些淘氣的孩子誤認為是一隻神祕的老虎時，除了多消耗一些卡路里外，並沒有任何損失。另一方面，偽陰性——就是以為不危險，但事實上很危險，則可能會致命，而且在演化上並不是穩定持續的狀態。如果我們忽視樹叢發出的沙沙聲，就很可能被潛行的美洲獅或飢餓的熊所獵捕。因此，最好將所有的不確定或模稜兩可都視為威脅（也就是說，我們天生就對偽陽性有著強烈的偏誤），然後經過了一開始的驚嚇，正確地辨別出狀況很安全；沒有獲得什麼，但也沒有失去什麼。因此，當我們發現嚇人的聲音不是來自潛行的捕食者，而是一群玩耍中的孩子，或是一群飛翔的鳥類，就演化的的優勢角度而言，最好還是先假定那是個致命威脅。換句話說，永遠先做最壞的打算[12]。突然出現與升級的驚嚇與恐懼情緒，告訴我們要立刻提高警覺。

然而，當這些強烈的情緒與伴隨的動作反應（程序性記憶）變成持續性的存在，原本應該要服務、引導、保護與捍衛我們的情緒就變得有害，並轉而對抗我們（對抗自我）。

這時候，了解如何處理這些適應不良的情緒與程序性的記憶痕跡，變得至關重要。「重新協商」是一種透過和緩釋放持續性情緒與創意重組功能失調反應，來解決這些創傷記憶的方法。這為我們提供了一種途徑，能夠恢復創傷前的平衡與幸福。

⑫ 任何剛開始學習冥想的人，都會在試圖轉移洪水般入侵的強迫性憂慮與負面思想時，觀察到這種先天的偏誤，希望透過具有同情心又經驗豐富的老師來引導，平息這種妄動的「猴心」。這是我們對於偽陽性的一種演化偏誤，會嚴重干擾冥想的能力，因為這種偏誤會促使思想習慣性地朝恐懼與憂慮的方向走去。

重新協商

重新協商並不是單純重溫一次創傷經驗，而是以漸進與緩慢定量的方式，重新歷經構成特定創傷記憶痕跡的各種感官與動作元素。重新協商主要是透過存取基於兩種自律神經失調症狀的程序性記憶——過度喚起／強力衝擊或喚起不足／封閉與無助，然後恢復並完成相關的動作反應。隨著過程的進行，個案會從喚起不足或過度的狀態，過渡到平衡、放鬆警戒與此時此地的定位（參見圖4.2與圖5.2）。從本質上來說，重新協商是一種治療過程，會反轉在面臨威脅時生物的動作反應序列。最後，為了完成治療過程，經過重新協商的程序性記憶，會與重新校準過的情節與敘事記憶連結起來。

複習一下，對於威脅的情緒喚起反應存在於一個連續光譜上，但會在光譜特定的節點突然放大。這些情緒訊號可以誘發天生（準備好的）動作程式。光譜的開端是對環境中新奇事物產生輕微的喚起（好奇心），然後平穩過渡到快樂／不快樂，然後突然轉變為害怕、憤怒、恐怖與畏懼。誘發動作模式與相關情緒的序列如下：

1. 抑制與警覺——與好奇心相關。
2. 僵硬與定位——與專注力、興趣與準備狀態相關。
3. 評估——與強烈的興趣、友好或排斥相關。評估的標準是參照我們的基因記憶庫以及個人歷史。
4. 趨近或迴避——與快樂或不快樂相關。

在更高度的刺激下，會突然轉變為深具強制力的情緒，例如害怕、憤怒、恐怖與恐懼，爆發成竭盡全力、無法動彈或崩潰的情況：

5. 戰鬥或逃跑——害怕的經驗。當這些積極反應受到阻礙，我們會：
6. 凍結，彷彿是「嚇呆了」——與恐怖相關。
7. 「封閉」與崩潰——與無能為力／無望的恐懼相關。

在米森奎伊公園的那段「叢林遭遇」期間，蘿拉與我經歷了上述序列的前三個階段。

一旦辨別出可能威脅的來源，並迅速判斷不具威脅時，我們的反應就是同聲歡樂起來。因此，可以看出在疑似威脅的經驗最小化之後，這些初階狀態就會自然而迅速地反轉，讓生物（在這個故事裡蘿拉與我兩人都是）回到放鬆警戒的狀態。然而，在面對潛在威脅的初始反應階段若是未能充分打消警報，那麼對於行動的需求就會突然升級。事實上，如果竹子的沙沙作響的確就是有捕食者潛伏其中，我們的情緒狀態便會急遽增強，驅動我們在這個生死交關、生物命定的生存序列中（第5、6和7階段），採取全力的行動反應。

總而言之，第5、6、7階段與緊急情況相關的情緒，會喚起增強的程序性動作程式序列。這個序列是沿著梯度增加，從感覺到危險的戰逃反應，到因為極度害怕的凍結狀態，最終是無能為力的恐懼與「最後一搏」的預設反應：崩潰與封閉。這些天生的程序性反應呈現明顯的自主神經系統（ANS）特徵。

第5階段，戰鬥或逃跑，是由交感神經—腎上腺素系統支持，進而驅動我們應對緊急情況。然後，如果威脅沒有解除，或是我們的防禦／保護系統行動受到阻礙，就會升級到第6階段，凍結。伴隨著已經啟動的交感神經—腎上腺素系統再升一級，我們會因此陷入過度激動又同時無法動彈的狀態，也就是「嚇呆」。一旦察覺威脅層級來到不可避免或致命程度，就會上升到第7階段，「封閉」，一種無望且無助的深刻狀態。新陳代謝過程（包括消化、呼吸、循環與能量產生）停止時，我們的身體與精神因此崩潰。封閉的狀態是由副交感神經系統中，所謂的原始（無髓鞘）分支透過迷走神經（第十對腦神經）進行介導傳遞[15]。在這種狀態下，油門與煞車均全力作用，自主神經動力會讓我們幾乎是一秒內就在交感與副交感（迷走）神經的支配（過度喚起與喚起不足）之間翻過來又翻過去；可參見圖5.2[16]。「陷入」這種不穩定的陣發性狀態時，我們就會停留在純粹的創傷地獄境界之中，因恐懼而癱瘓，體驗到盲目憤怒的爆發，但又缺乏持續能量採取任何行動。

要重新協商創傷，必須先透過處理並了結第5、6、7階段的相關程序性記憶，來反轉防禦導向程序。我們透過解決這些受到高度刺激的狀態，將原本的封閉恢復成一種更積極的反應。如此一來，我們便能成功地依照程序步驟向上移動：從7回到6，回到5，回到4，回到3，回到2，最後回到1⑬。在這個連續的重新協商過程中，個人可以回到此

---

⑬ 必須注意的是，這個序列絕非線性，單一個創傷通常會經過反覆多次的重新協商。

時此地的定位，獲得更深層穩固的調控與內在平衡。如果ANS恢復到動態平衡與放鬆警戒的範圍，便可證明程序完成（參見圖4.2）。

SIBAM模式

在治療上，重新協商與轉化是由一個人的內在經驗地圖來闡明與引導。SIBAM模式結合了個人創傷或成功經驗的各個層面，包括神經心理學、身體、感官、行為與情感。在非創傷的狀態，SIBAM的元素（S：感官、I：意象、B：行為、A：情感、M：意義）形成適合當下情況的流動、連續與連貫的反應。如此一來，原始的感官—動作處理便能演化成連貫的敘述。然而，如果存在未解決的創傷，SIBAM的元素要不是過於緊密連結（過度耦合），不然就是解離破碎（耦合不足）。SIBAM的概念與在創傷重新協商中的應用，在我的著作《解鎖：創傷療癒地圖》（*In an Unspoken Voice*）[17]第七章有著詳細描述。

感官（Sensation）

這些是屬於來自身體內部的內感受生理感官，包括（從最有意識到最無意識）：

- 動覺——肌肉張力模式

・本體覺——覺察自己在空間中的位置

・前庭覺——加速與減速

・內臟覺——來自內臟（腸胃、心臟和肺臟）與血管的感官

意象（Image）

意象指的是外在感受印象，包括視覺、味覺、嗅覺、聽覺與觸覺。

行為（Behavior）

行為是能讓治療師直接觀察的唯一管道。治療師可以透過閱讀個案的身體語言，推斷出他的內在狀態。包括：

・自發性手勢

・情緒／臉部表情

・姿勢——內在動作啟動的平台，通常指的是脊椎

- 自主神經訊號——包括心血管與呼吸系統。可以透過個案的頸動脈測量脈搏
- 內臟行為——可以透過腸胃的聲音變化來「觀察」消化狀況
- 原型行為——包括能傳達通用意義的非自發性手勢或姿勢改變

情感（Affect）

情感指的是恐懼、憤怒、悲傷、快樂與厭惡等分類的情緒及感覺的輪廓。輪廓是一種精微且基於感官（感覺）的趨近與迴避、「好」與「壞」，給我們人生的指引，是我們日常生活中的方向舵與支點。

意義（Meaning）

意義是我們從S、I、B與A這些組合元素中選擇，貼到經驗整體上的標籤。包括了與創傷相關的固定信念。治療師幫助個案自在地取用感官與感覺發展的整個光譜，形成新的意義，讓「壞」的老舊認知信念在重新協商的過程中發生轉變。

SIBAM的運用：個案研究

以下舉一個簡單的例子，是與個案一起運用SIBAM來處理一個相對較小的創傷觸發因素。路易絲熱愛大自然、公園、草地與綠草如茵小山丘；然而，每次他聞到剛修剪過的草，就會感到噁心、焦慮與頭暈。路易絲根深蒂固地相信（M）自己可能對草過敏，應該要避免接觸。嗅覺和視覺影像（I），也就是割草的氣味和樣貌，都與內臟和前庭系統產生的噁心和頭暈感官（S）連結或是（過度）耦合。她不知道為什麼會這樣，只知道自己非常不喜歡（M）割過的草。

當路易絲探索自己的感官與意象，透過「心眼」看到並聞到割過的草時，她慢慢地仔細去探索自己的身體感官。在這個過程中，她突然產生一種新的感覺，像是左手腕和左腳踝被人抓住，然後身體在空中旋轉。這個經驗不但是來自前庭（S）的感官，手腕與腳踝（I）也感覺到壓力。接著是浮現出觸覺與視覺的影像：在路易絲四、五歲時，被喜歡欺負她的哥哥強行抓住手腕，在小時候家中（剛修剪過的）草皮上，玩討厭又恐怖的飛機旋轉遊戲。她發現身體試圖縮成一團，好打斷那種旋轉（S）的動能。在喚起這種主動防禦反應時，路易絲產生另一股衝動（S），想用右手指甲掐哥哥的肉。在想像這個動作時，她感覺到雙手、雙臂，還有胸部（S）都充滿力量。

路易絲顫抖著喘氣，感受到短暫的恐懼（A），但在意識到自己不再處於危險之中時，恐懼很快地消褪。她睜開眼，環顧著充滿色彩的辦公室，找到了自己的定位。然後轉頭望得稍遠一些，帶著平和的微笑跟表情溫暖的治療師打招呼（B）。受到這種新發現的安全感完整包覆，路易絲穩定下來，接著很自然地深呼吸（B），回報說現在腹部感受到一種新的內臟覺，非常安心。她停頓了一下，然後注意到手腕周圍還是有點緊繃（S）。路易絲意識到一種衝動，試圖讓雙手放鬆下來（S，動覺）。感覺到自己體內湧起一陣憤怒（A），她透過聲帶的運動肌肉大喊：「住手！」再一次穩定下來，享受著躺在剛修剪完的柔軟草地上的愉悅觸感，以及夏日陽光照耀的溫暖（I）。青草不再與不愉快的感官（舊M）過度耦合；剛修剪完的草地很棒，公園是美妙的地方，而且「一切都很好」（新M與連貫的敘述）。

一旦我們了解重新協商的過程，並運用這股轉換的力量，生物習性便會向前推動這個經驗。當個案充分闡述了自己的身體反應，並覺察到當下安全的環境，受到阻礙的程序性記憶就會變成內在修正過的經驗，並獲得解決。

正如我們在路易絲療程中的觀察，進行階段序列的重新協商工作，能夠不斷強化關鍵性觀察者功能。這種能力是要留在當下，並記錄各種令人不安的感官、情緒與意象——接受但不被淹沒。因此這項功能有助於與個人混合的記憶和平共處。

在對重新協商有了基本理解後，我們將在下一章研究佩德羅（Pedro）的創傷轉化與成人儀式，也就是他個人的英雄旅程，掌握了削弱的記憶，讓這些記憶從程序性／情緒記憶演化為情節敘事。

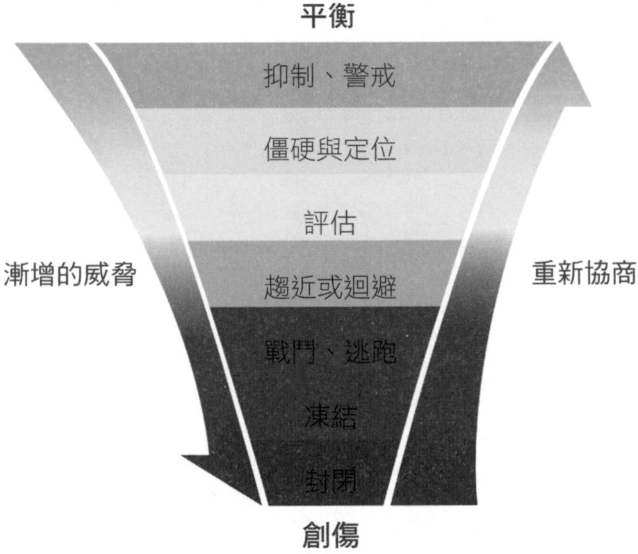

圖 4.2　不斷升級的威脅（左側）會導致創傷狀態。透過從創傷向上移動到警戒、定向與平衡（右側），與威脅進行「重新協商」。

第五章

英雄旅程

原始的感受能夠讓一個人體驗到自己活著的身體，不須言語，毫無裝飾，只與純粹的存在相連結。這些原始的感受反映了身體不同面向的當下狀態……橫跨從快樂到痛苦的尺度範圍，來自腦幹層面而非大腦皮質。所有的情緒感受都是原始感受的複雜音樂變奏。

——安東尼奧・達馬西歐（Antonio Damasio），《當下發生的感受》（*The Feeling of What Happens*）

程序性記憶的轉化，從無法動彈與無助，經過高度喚起與活動，最後來到成功戰勝與掌握，這是過去四十五年來與我一起進行治療工作，數千位遭受創傷的大多數個案中，一貫觀察到的軌跡。佩德羅正是這種原始覺醒的一個案例。

佩德羅的故事

佩德羅（Pedro）是一名十五歲的青少年，患有妥瑞症、嚴重的幽閉恐懼症、恐慌症，以及間歇性類氣喘症狀。我在巴西開設治療課程時，他被母親卡拉帶來參與個案治療。佩德羅對與治療師聊天這件事明顯感到不自在，尤其還是以團體的形式。然而，他渴望能不再被「抽動」與恐慌帶來的尷尬與羞恥所困擾，因此努力克服了不願參與治療的心理。他的妥瑞症狀包括了頸部與臉部的肌躍型抽搐，導致下巴會橫向移動，頭部會反覆向右轉動。從母親口中得知病史後，我了解到他在童年時嚴重大摔過好幾次，頭部反覆受到衝擊。這些事件簡要說明如下：

七個月大時，佩德羅從幾英呎高的嬰兒床裡摔下來，臉部正面著地。保母沒把嬰兒悶聲的驚恐尖叫當一回事，向他的母親保證孩子沒有任何問題。雖然還不會爬，但佩德羅仍然設法拖著身體來到緊閉的臥室門前。過了十五或二十分鐘，他的母親，終於屈服於自己母性執意的擔憂，試圖打開門，發現孩子的身體貼在門上，可憐地癱軟嗚咽著。據卡拉說，孩子因為掉下床導致嚴重血腫。她描述道，自己把孩子從地上抱起來，恐慌地對保母大聲斥責。這種可以理解的反應也許是進一步嚇壞了孩子，並導致卡拉忽略了孩子當下更需要溫和而平靜的安撫。

三歲時，佩德羅爬上哥哥擺在一旁的折疊梯，再次摔了下來。在爬到第三階時，梯子歪了，佩德羅往後倒地。這次意外對孩子造成了雙重衝擊，他的後腦勺撞到地板，沉重的梯子則砸到他的臉。

最後，在八歲那年，佩德羅又摔了。這次他從一輛時速約二十英里的車子裡飛出去。再一次傷到頭部，雙肩也嚴重擦傷。這次摔傷嚴重到讓他住院一週，前三天還住加護病房隔離。佩德羅的抽搐是在第三次摔傷的兩個月後開始出現。

治療開始時，我一眼就看出佩德羅很不適應這種團體形式，因為他相當坐立不安，一直偷偷在觀察著周圍環境。我注意到他斷斷續續地握緊拳頭，於是引導他將注意力放到這個手勢上。我要求他試試能否透過「將意念貫注在拳頭上」，開始覺察到握緊的感受。這句指令幫助佩德羅學會辨別「想著」自己的手，與真正把握緊拳頭「當作身體感官來觀察」兩者之間的不同。這種觀點的轉移一開始可能相當難以捉摸，但通常會以「小啟示」的形式突然出現。這種新優勢帶來一種興奮感，好像學會一種新語言，第一次能夠與當地人交談。只不過，這裡說的外語是指內感受（內部）的身體景觀，當地居民則是核心原始（「真實」）的自我。

我觀察到佩德羅萌生了好奇心，因此要他慢慢握拳，再慢慢打開，並且將自己直接（感官）的意識投入到這個連續的動作上[14]。「所以，佩德羅。」我問道：「手掌握成拳頭的時候，你有什麼感覺？慢慢打開的時候，又有什麼感覺？」

「嗯。」他回應道：「我覺得拳頭很有力氣，好像可以捍衛自己。」

「好。」我回答。「太好了，佩德羅；那現在拳頭打開的時候感覺如何？」

一開始，佩德羅對我的問題感到有些困惑，但接著他笑了。「感覺像是想要為自己

[14] 強調這種緩慢、謹慎、正念的內在動作，有別於各種表達療法通常要求的做法，例如「心理劇」或某些完形治療。這些療法傾向於強調粗略的外在動作，而不是內在感覺的動作。這些內在動作，同時牽涉了不同的大腦系統，包括腦幹、小腦與椎體外系統。

接收一些東西……一些我想要的東西。感覺我真的想要克服恐慌症，這樣才能去迪士尼樂園。」

「那麼現在你對這種『想要』感覺如何？」我問道。

他停頓了一下，接著回答說：「有點神奇——握拳時會感覺我好像擁有解決問題時需要的力量，然後打開時會感覺我可以使用這股力量來達成目標，獲得自己想得到的東西。」

我問道：「你還可以感覺到身體有哪個地方也擁有類似的力量或想望嗎？」

「嗯。」他說，然後停了一會兒。「我的胸口也有類似的感覺……很暖和，好像有更多呼吸的空間。」

「你可以用手指出是哪裡有這種感覺嗎？」我問道。佩德羅用手慢慢地畫了一個圓。他在做這個動作時，我注意到他畫的圓是逐漸往外一圈圈變大。「所以，佩德羅。」我問道：「你覺得溫暖有擴散開來嗎？」

「對。」他回答道：「就像溫暖的太陽那樣。」

「是什麼顏色呢？」

「黃色的，跟太陽一樣……哇喔！現在，我把手打開的時候，可以感覺到溫暖擴散到我的指尖，變成有點刺刺麻麻。」

「好的，佩德羅，這樣很棒！我認為你現在已經準備好面對這個問題了。」

「是啊。」他回答道：「是啊，我知道。」

「你怎麼知道的？」我問道，歪著頭表達出疑惑。

他咯咯笑了起來。「喔，很簡單啊——我在身體裡感覺到了。」

「好喔！」我帶著鼓勵的語氣回應道。「那麼，我們繼續吧！」

在圖5.1可以看到，我們當下（此時此地）的身體狀態會決定與創傷程序性記憶重新協商的關係與平台。我剛剛與佩德羅一起完成的初步意識工作，現在成為進一步調查的具體基礎。整段治療的結果，一開始是在這個初始的此時此地內心探索中萌芽。注意到佩德羅的拳頭這件事，看起來可能微不足道，但正是因為感知到精微的內在活動，迅速意識到內在對於這項活動的真實感受，才能為接下來的治療打造好舞台。這個以身體為基礎、資源豐富的平台，讓佩德羅擁有足夠的安全感，可以處理深具挑戰性的程序性記憶，並支持到最後的記憶轉化。身體感官對於程序性記憶在生理層次上的存取，具有無法言喻的重要性。

這些都是關鍵的內隱記憶，只是認知療法無法啟動，而宣洩療法通常會進行覆蓋與抑制。

擺盪是身體經驗創傷療法（SE）的一個基本概念，用於解決內隱的創傷記憶。擺盪是我創造的術語，指的是收縮與擴張的基本連續有機節奏。受過創傷的個案會陷入一種慢性的收縮；在這種固定狀態下，他們會覺得似乎一切都不會改變。這種沒有出口的固著，會讓受過創傷的個案困在極端無助、無望與沮喪的感覺中。的確，收縮的感官似乎極為可怕又沒有盡頭，看不到任何明顯的解脫方式，以至於這些個案會極盡所能地避免感覺到自己的身體。身體變成了敵人。這些感官被認為是整個創傷重新出現的可怕預兆。然而，正是這種迴避讓個案凍結，「卡在」自己的創傷之中。透過溫柔的引導，他們會發現，只需要片刻時間「深入接觸」到這些感官，就能在這些經驗底下存活——了解到自己不會被抹滅。

雖然在剛開始擺脫麻木與封閉狀態時，通常會感到更加困擾不安，但在溫和而堅定的支持下，個案能夠暫停抗拒心理，接受一種試探性的好奇心。然後，在接觸到這些感官時，會有一瞬間是收縮逐漸開始擴張，然後再自然回到收縮。只不過，這次的收縮比較鬆動，不再那麼糟糕，接著又迎來另一次自發而平靜的擴張經驗。隨著每次收縮、擴張、再收縮、再擴張的循環，個案開始感受到一種流動的內在感官，同時越來越能允許自己放鬆。這些內在活動、自由與流動的感受，讓個案逐漸擺脫創傷緊抓不放的可怕「羅網」。

這種早期治療探索的另一塊基石，則是觸及內在力量，還有我稱之為「健康攻擊」（healthy aggression）⓯的相關能力。對佩德羅來說，當他開始覺察到拳頭握緊與手掌打開時的力量，這種初步的觸及就發生了。兩者共同構成了健康攻擊的新經驗；為自己挺身而出的能力，啟動並引導自己的力量已獲得需要的東西，並從而開啟新的可能性。於是，藉由這個可靠而穩固的基礎，佩德羅現在擁有面對惡龍的能力，去處理那些「拖垮」他生命中的活力，無法積極向前的問題。那麼，接下來會發生什麼？

我讓佩德羅進行了一連串緩慢而重複的定量動作練習，包括逐漸張開嘴巴到緊繃，再輕柔合上。這些練習複製了之前對於收縮與擴張的探索，同時打斷佩德羅頭部、頸部與下巴神經肌肉收縮的強迫性「過度耦合」連續動作[18]。每一組開合動作間會穿插休息，好讓佩德羅平穩下來，週期性地去安定他的喚起狀態。佩德羅在努力練習這些漸進的動作時，

⓯「攻擊」（aggression）一詞源自拉丁語動詞的 aggredi，意思是「接近」、「設立目標」、「抓住機會」，或「渴望」等等。

脖子與肩膀會突然抽搐，在休息間隔時腿部也會輕微顫抖（「放電」）[19]。他也回報肩頭上會感到一種強烈而不舒服的灼熱。後來他的母親發現，這種「身體記憶」是產生自他童年時第三次摔落造成的撕裂傷，留下大片疤痕的位置。經過幾次微運動／放電／休息的循環後，佩德羅的妥瑞症明顯減輕了，也明顯變得更能專注於與我互動，接受我作為他的「嚮導」，並將治療視為能夠支撐他的盟友。

隨著妥瑞症狀的消退，佩德羅覺得自己輕鬆多了。然後我問他最希望能從治療中獲得什麼。他說他真的希望能擺脫幽閉恐懼症，這樣就能在春假時與家人一起從巴西飛到迪士尼樂園。他告訴我，之前曾在一架又悶又熱的飛機上恐慌症發作，因為下機時間延誤，所以在封閉的飛機上等了三十多分鐘。我問他，在想到搭飛機時有什麼感覺。

「害怕，」他喃喃地說。

「你的身體有怎樣的感覺呢？」

「好像我真的無法呼吸……好像我胸口綁了一條帶子……我真的無法呼吸。」

先詢問獲得許可後，我把自己的腳放到佩德羅的腳旁邊。「可以，」他回答說：「這樣我才不會飛到半空中。」

透過這個額外的「落地」動作，我詢問佩德羅，他胸口的緊張感是變強還是變弱，或者保持不變，亦或是變成了其他東西。這種開放式提問引起了佩德羅的好奇心。他停頓了一會兒，然後說：「的確有好轉，感覺現在可以喘口氣了。」

「你還有注意到什麼嗎？」我問。

「有，」他回答道：「我又覺得胸口溫暖起來……而且開始擴散到我的臉上。[16]

「真的，」他補充說：「現在真的在擴散，延伸到身體的其他部分……感覺真的很好，暖暖、刺刺、麻麻的……內在的震動……很好玩……恐慌好像消失了，好像不見了……好像真的不見了！」

我問佩德羅，他還記不記得最近發生幽閉恐懼症的經驗。他描述了一件一年前發生的

---

16 這句話對應到肉眼可見的喉嚨與臉部輕微血管舒張，可以看到他的皮膚呈現「發光」的色調。

事，當時他正在泳池裡玩一個大球，上面有拉鍊開口可以讓人鑽進去。人進去以後，可以從裡面拉拉鍊，把大球封起來。裡面的人可以藉由移動自己的重心讓大球在水面移動。大球原本的目的是要帶來樂趣與興奮。可是，佩德羅覺得一點都不好玩。封閉的內部反而讓他感覺窒息，於是往後倒去。這重現了他之前摔傷的恐怖內感受經驗，以及被困在飛機裡的窒息恐慌。佩德羅發現大球打不開時，恐慌發作了。儘管因為呼吸過度無法尖叫出聲，但他壓抑的悶哼再次讓他的母親警覺起來。卡拉從大球外面拉開拉鍊，將兒子從困境中解救出來，但也因此感覺到痛苦，與兒子七個月大時受傷的悶哼重疊。佩德羅脫困之後，再次看到母親驚恐的表情。母親驚恐的表情再次讓他受到衝擊，加深了恐懼與挫敗的感覺。

佩德羅描述完最近的恐慌發作事件，我注意到他整個人癱在椅子上。樣子就像是肩膀向前拱起，脊椎中段塌陷在橫膈膜上。這種下沉的姿勢反映了渴求拯救的極度羞恥、絕望與完全被動——不論是作為青少年或者還是小寶寶的時候。我意識到現在正是幫助佩德羅體驗自身能動性的好時機，於是將他的注意力引導到他再次下意識地開合著的拳頭上。

「嗯，」他回答道：「我可以感覺到這裡有些力量在回來。這讓我想起我們第一次進行治療的時候。」

然後我引導他感受自己的姿勢，並輕輕加深身體的向前塌陷。塌陷到某個程度停住後，開始逐漸自然地向上反彈回正。我鼓勵他專注於自己的感覺體驗，專注於脊椎延長、頭部向上抬起的感覺。這種有意識的體驗帶來一種意想不到的自豪，甚至是勝利的感受，他說的話也證實了這一點：「哇，感覺好多了，我覺得自己可以抬頭挺胸向前看，讓我覺得自信多了。」

以這股勃發的興奮為基礎，我詢問佩德羅是否願意重溫最近的失敗時刻。他同意了。我建議他想像自己身處於大球之中。他似乎已經準備好要接受身心合一意象訓練的挑戰。佩德羅描述自己進入大球內，拉上拉鍊，然後失去平衡向後倒下。他想起這一連串動作，具體的想像力讓他重新經歷了當初的暈眩。這種暈眩之前曾引發恐慌反應的初始階段，包括胸部緊縮與換氣過度。因此反而加劇了窒息產生的恐慌感。不過，他現在能夠去體驗這種感覺而不會被淹沒。我引導他再次專注於胸部周圍收縮的特殊感受，他的呼吸逐漸穩定下來，自發性地進行了幾次緩慢又輕鬆的呼吸，並完全吐氣。

接著我們探討了向後倒下的感覺。我輕輕地用手支撐著佩德羅的上背與頭部，鼓勵他臣服於墜落的感覺中。他立刻回報自己「需要離開！」

我平靜地回問道：「你需要怎麼做？」

對此他回答道：「就好像是我離開了自己的身體。」

「好，」我回答說：「我們來看看你要去哪裡。」

他承認自己害怕屈服於「這種奇怪的漂浮感」。我停下來安撫他，溫和鼓勵他體驗漂浮的感覺，詢問他可能會漂浮到哪裡。這種解離的狀況發生時，重要的是不要詢問與肢體語言相關的問題，而是接受並跟隨解離的經驗。佩德羅猶豫了一下，然後說：「向上──向上離開大球。」

「嗯，這地方可能不錯。」我這麼表示。

然後他描述自己從上方俯視大球，也知道肉體在大球裡面。

我問道：「好吧，你想在上面做什麼？」

他回答道：「我想下去打開拉鍊。」雖然佩德羅處於部分解離狀態，但他能夠透過想像力，設想並執行這種主動（運動）逃脫策略。以前他必須依靠母親的拯救（但其實相當沒有力量，尤其是對青少年來說）。這樣的「重新協商」讓他的妥瑞症獲得更進一步的改善。

然後佩德羅回想起更早的時候也有過類似經驗。他告訴我，五歲的時候，臥室的門卡住了打不開。他記得自己使盡吃奶的力氣，但就是沒辦法。佩德羅回憶道，這個事件也引發了可怕的恐慌反應，就和在飛機上發生的事一樣。身為治療觀察者，我們可以看到，這就是「重演」並呼應了最早那次在七個月大時受傷、無助與孤獨的經驗。從嬰兒床上摔下來，無法回到母親身邊，然後自己一個人孤單了二十分鐘（對嬰兒來說根本是永久），這些都讓他烙上了強烈又持久的情緒與程序性印記。

因此，佩德羅五歲時對卡住的臥室門感到恐慌的「過度反應」，很可能是由於更早時候（七個月大）的摔落，造成嚴重傷害、極度無助，與努力希望能及時受到注意卻徒勞無功的狀況。然而，因為他成功運用具體意象的方法從大球中脫身，也透過下顎覺察練習讓下顎獲得放鬆又堅定的力量，所以我感覺到他這次能夠使用有別於之前失敗的方法，從五歲那時的臥室中成功走出來。我感覺他這次一定能夠堅持下去，不會被打敗。

於是，我要求佩德羅繼續想像拉著門把，鼓勵他一邊堅定而努力地嘗試，一邊感受自己的整個身體。我詢問他為何臉上閃過一絲微笑，他勇敢地描述自己如何不斷地又踢又拉，最後終於把門打破。然後佩德羅浮現了大大的笑臉，我問他可以在哪些部位感受到這種神祕的微笑。

「喔，」他回答道：「我真的可以在眼睛、手臂、胸部、肩膀、雙腿，甚至這裡，感覺到這種微笑。」他指著自己的肚子說。「真的是遍佈全身。我感覺超級強大，就像超級英雄一樣……我的身體可以保護我自己。」他得意地這麼說。

和許多父母一樣，佩德羅的母親投訴道，擔心十幾歲的兒子過度使用電腦與網路。佩德羅的使用量的確具有極端與強迫症的傾向。治療完兩天後，她回報說，佩德羅希望能給他買一些美術用品。他小時候喜歡畫畫，但在症狀惡化且影響到臉部、頭部與頸部後，他就完全對美術失去興趣，開始沉迷於電腦。這種難以抗拒的欲望似乎加重了他的症狀。佩德羅對美術產生新的興趣，讓卡拉感到相當滿意。接著讓她意想不到的是，兒子勇敢而主動地參加了學校的歌唱班。在班上他可以感覺到自己的下巴與橫膈膜產生了強烈的連結。佩德羅還告訴母親，他對於未來的學業做好了新的計畫，表示想在心理學領域進行研究，而不是之前選擇的工程學。他對自己大腦中發生的事情非常著迷，同時渴望進行因為嚴重的幽閉恐懼症而延宕多年的腦部掃描。佩德羅現在非常興奮於一家人到迪士尼樂園遊玩的計畫。對長途飛機旅行的擔憂似乎已經消失。這無疑是改用一種嶄新的多元面向觀點來展望未來——一個與過去截然不同的未來。所以現在讓我們簡單總結一下重新協商的步驟，了解佩德羅是如何連結上這些更新、升級的記憶，還有這些記憶是如何讓佩德羅將過去拋在腦後，然後向前邁進，獲得力量，並能自我引導。

總而言之，重新協商創傷記憶的基本步驟通常包括以下過程：

1. 幫助創造一種此時此地的經驗，能夠擁有相對平靜的存在、力量與接地。在這種狀態下，個案會學習如何接觸自己正向的身體感官，以及困難且與創傷相關的感官。
2. 運用這個平靜而具象化的平台，引導個案逐漸在正向、接地的感官與更加困難的感官之間前後擺盪。
3. 透過這種感官的追蹤，創傷的程序性記憶會以被截斷（也就是挫敗）的創傷形式浮現。治療師要持續檢查個案是否處於過度啟動（或啟動不足）的狀態，如果是的話，治療師就要回到前兩個步驟重新開始。
4. 在接觸到截斷形式的程序性記憶後，治療師會先辨認出失敗（也就是不完整）反應的「快照」，然後鼓勵個案進行進一步感官探索與發展，讓這種保護性的行動能夠完成預期的目標與意義。

5. 這樣會讓核心監管系統重置，恢復到平衡、均勢的狀態，並放鬆警戒[20]（參見圖7.1）。

6. 最後，程序性記憶與記憶的情緒、情節，還有敘事功能連結起來。這使得記憶能夠回到屬於自己的正確位置——也就是過去。創傷的程序性記憶不再以適應不良（不完整）的形式啟動，而是現在轉化成有力健康的能動性與自信。程序性記憶的整個結構已經改變，促進了更新的（升級的）情緒與情節記憶浮現。

處理創傷記憶的一個關鍵特徵，是要在優勢的當前狀態下慢慢增加接觸，不能是過度活躍或強烈起伏，也不能是封閉、崩潰與羞恥的狀態。這對治療師來說會有點困惑，因為封閉狀態的個案可能看起來很平靜。

一般來說，在處理程序性記憶時，最好先處理較新的記憶。然而實際上，所有具有相似元素與意識狀態背景的程序性記憶，往往會融合成一個複合的程序性印記。佩德羅對於困在大球中的鮮明記憶，讓他進入了無助被困的程序性印記，然後建立主動脫身的情境。可以說這個複合印記是透過回顧的方式，全面地完成了重新協商。佩德羅因此圓滿了自己，先是將青少年的自己從大球中釋放出來，然後讓五歲的自己打開了臥室的門。兩次謹慎的階段治療也對複合印記的處理有所幫助，包括嬰兒時期無處不在的無助感。因此，透過青春期與五歲時創傷的成功修復，嬰兒時期的原始痛苦在一定程度上也獲得緩解。

像佩德羅這樣的成功模式，也出現在我與一位馬拉松冠軍跑者的治療中。她要處理的是與童年時受到叔叔性侵害相關的親密關係問題。在治療時，她感受到想要反擊並猛踢對方生殖器的衝動。她也（隨著自我同情的增長）意識到，事實上對方在力量方面完全凌駕於當時四歲的自己。之後，她想像自己張開雙臂圍成一道邊界，阻擋對方的進犯，並感覺到自己的力量回來了。在治療的尾聲，她回報說自己好像跑了一場馬拉松。我問她那是怎麼樣的感覺，她回答道：「就像是我的雙腿來到力竭的臨界點，幾乎要站不住，也跑不下去……接著有些事情發生了。就像是聽到腦海裡有個聲音在說：『繼續跑下去……跑下去。』」

我問她說，這對長跑運動員來說是不是常有的經驗。「是的，」她回答道：「但在進行治療時，我是從內在感覺到，從整個身體的內部，而不是只有腿。我現在可以保護自己，我知道我有能力承受巨大挑戰並克服障礙。」

一週後她告訴我，她對於親密行為方面有了些開放的體驗——還加了一句「覺得這是自己對抗他【叔叔】所獲得的最大勝利。」

論毅力

這個世界打垮了所有人，而後來許多人都在受傷的地方變得堅強。

——海明威（Ernest Hemingway）

每一次真正停下來直面恐懼的經驗，都會讓你獲得力量、勇氣與信心。你可以對自己說：「我經歷過這種恐怖。我可以接受接下來發生的事。」你必須嘗試自己覺得做不到的事。

——愛蓮娜・羅斯福（Eleanor Roosevelt），《在生活中學習：讓生活更充實的十一把鑰匙》（*You Learn by Living*）

我這四十五年來的臨床工作，證實了人人都擁有一種基礎本能，那就是克服障礙並恢復個人內在的平衡與均勢：這種本能是在遭受壓倒性事件與損失後，能夠繼續堅持並療癒修復。此外，我猜測這種本能在生物根本意志中也擁有物理足跡，在面對挑戰與逆境時能夠堅持不懈並獲得勝利。任何價有所值的治療師不但能夠認知到這種面對不利挑戰的原始能力，同時也了解自己扮演的主要角色不是去「建議」、「治癒」或「修復」個案，而是去支持這種毅力與戰勝的內在動力。但我們要如何促進這種本能的實現呢？

我要坦白承認，佩德羅的旅程呈現出的轉化內在追求，描繪了一種動力，是我多年來一直思考研究的本質。最近，一位德國同業尤阿希姆・鮑爾（Joachim Bauer）知道我在研究這個領域，傳給我一篇晦澀的期刊論文，內容研究的是數名癲癇患者的治療過程。不過，在我們開始討論這篇有趣的論文之前，首先簡短介紹一下神經外科治療癲癇的背景。

二十世紀中葉著名的神經外科醫師懷德・潘菲爾（Wilder Penfiel）德透過創新的手術方式，治療嚴重棘手的癲癇，切除受損的大腦細胞，避免造成劇烈的「神經風暴」。然而，在進行切除手術之前，神經外科醫師必須先確認受影響的大腦區域負責控制與處理的部分，以避免外科醫師在無意中切除與干擾到患者的重要功能。大腦沒有痛覺受器，因此手術必須在患者完全清醒且具有反應的情況下，由外科醫師運用電極探針刺激焦點區域迅速進行。

直到最近，大多數電流刺激都還侷限於大腦表面，並與特定具體功能相關。舉例來說，如果驅體感覺區受到刺激，患者通常會回報身體各處產生感覺。或若是運動皮質區受到刺激，那麼局部的身體，像是手指，便會反應電極刺激產生動作。潘菲爾德還指出，某些負責「聯想」的區域（包括海馬迴），在受到刺激時，患者會產生類似睡夢的記憶。大約過了六十五年，在這些初步研究之後，發展出進一步的手術方案，將電極置於大腦不同的深度區域中，達成治療嚴重癲癇的相同目的。

德國同業傳給我的爭議性案例研究，是一組史丹福大學的研究人員發表的文章。標題十分有趣：「透過人類扣帶迴電極刺激誘發的毅力」[21]。這篇文章有別於潘菲爾德與其他早期神經外科醫師探索過的方法，是對大腦另一個完全不同的部分施行深度腦部刺激，帶來意想不到的經驗。這個大腦區域稱為前中扣帶迴皮質（aMCC）。

患者在研究中體驗到異乎尋常的經歷。二號患者在aMCC受到刺激時，確切地說出以下字句：「我要說這就是個問題……不是那種擔心的負向問題……更像是正向的感覺……努力、努力、再努力，嘗試去渡過難關……如果我不奮鬥，就會放棄。我不能放棄……我（會）繼續下去。」一號患者採用以下的比喻描述他的經歷：「就像是在暴風雨中開車一樣……甚至有個輪胎洩氣……可是路才開了到一半，也沒辦法回頭……只能繼續前進。」

研究中的兩名患者都說到「挑戰」或「擔心」（所謂的不祥預感），但仍保持動力並準備採取行動，知道自己會克服挑戰。

在這些患者接受刺激的期間，作者群注意到他們的心率增加，同時患者也回報產生自主神經症狀，包括胸部上半與頸部的「顫抖」與「潮熱」。事實上，這對我來說是有如雷鳴的警鐘，因為我的大多數個案在處理創傷程序性記憶的過程中，從恐懼開始，越過喚起與鬆動，最後來到勝利時，都曾回報非常類似的自主神經感官。此外，我的個案還會表現出精微的姿勢變化，包括脊椎延伸與胸部擴展。

從生理學的角度來看，（以多巴胺為中介的）動力系統與（正腎上腺素的）行動系統，會在 aMCC 的層面進行功能上的融合。客觀來說，我們不要忘記幾千年來，早在神經科學出現之前，動力與行動、專注與毅力的成功融合，已經在世界各地的無數神話還有我們的日常生活中展現。從神話的角度來看，這些研究人員與勇敢的患者可能只是發現了「英雄旅程」的神經學基礎。

知名神話學家約瑟夫・坎貝爾（Joseph Campbell）透過他最重要的著作《千面英雄》（*The Hero with a Thousand Faces*），追蹤研究了在世界各地與文字歷史中，這個神話故事出現的狀況。他提出令人信服的證據，認為透過面對巨大挑戰（不論是外在或內在），並以明確的方向、勇氣與毅力來掌握，逐漸接受自己的命運，正是這種普遍原型、英雄／英雌神話的核心。面對極端逆境的堅持也是許多薩滿成年儀式的基礎。堅持的毅力，這種成年儀式或考驗，可能正是由這片大腦組織（aMCC）精心策畫。事實上，這可能是核心神經結構的一部分，讓我們能在人類最常遭遇的處境，也就是逆境中戰勝。臨床上，我們需要處理的核心問題是：在沒有癲癇與深度電極的情況下，如何讓大腦的這個部分受到刺激。

目前對aMCC的研究顯示，在強烈的情感顯著性刺激下，不論是正向或負向，這塊大腦區域就會被啟動。這塊區域與島葉、杏仁核、下視丘、腦幹與丘腦之間有著清楚的神經連結。aMCC是與島葉皮質一起接收主要來自身體內部感官受器的輸入。此外，aMCC也是大腦皮質中唯一能夠真正抑制杏仁核恐懼反應的部分[22]。事實上，丘腦、島葉、前扣帶迴與內側前額葉皮質構成的迴路，接收的是內感受的資訊，也就是非自主的內部身體感官，同時也會透過錐體外運動系統影響動作的準備。這些正是構成程序性記憶的結構[23]（參見圖7.1）。

沒有數百萬美元的大腦掃描儀幫助，我們還是能夠推測佩德羅的大腦與身體之間有著雙向溝通，因為他的身體內部感官從恐懼與無助轉變為戰勝與掌握。為此，我希望證明一種重要「本能」力量的存在：一種能夠克服逆境並在生活中前進的固有軀體動力。事實上，如果沒有這種原本本能，創傷治療就會受限於洞察力與認知行為干預，但有了這種本能，個案能夠逐漸接觸並擁抱創傷，轉化就成為可能。我進一步推測，這種本能是透過啟動動力、獎勵與行動相互協調且以程序為基礎的系統來運作。動力與行動系統（多巴胺與正腎上腺素）的融合，就是我所謂的「健康攻擊」。

光是這幾件癲癇患者大腦深度刺激的研究案例，其實很難證明毅力與戰勝的本能存在。然而，大量的臨床證據（正如我在《解鎖：創傷療癒地圖》中所描述），以及世界各地的神話、儀式，還有許多電影與文學作品的累積，都說明了堅持與戰勝障礙及挑戰是人類努力的核心。也許這種轉化的本能不只體現了人性，也將我們與人類及動物的祖先連結起來。

事實上，在佩德羅的治療過程中，我們看到程序性記憶的存取與完成如何成為治療的途徑，讓他能夠對抗並改變心中的惡魔，將程序性記憶從無助的孩子轉化成有能力的大人，在「神話的層面」完成自己的成年儀式。如此一來，他便成為一個強大而自主的年輕人，開始承擔起自己的命運與責任。

創傷轉化的精神層面

杜斯妥也夫斯基（Fyodor Dostoevsky）是嚴重的癲癇患者，他使用了相當魔幻的文字來描述自己的經驗：「在正常狀況下無法想像這種幸福的感覺，對於任何沒有經歷過的人來說也無法體會……這時的我是與自己還有整個宇宙產生完美的共鳴。」這些感官就像是他的史詩小說《白痴》（*The Idiot*）中，主角梅什金公爵是這麼描述自己的癲癇發作：「為了這一刻，我願意獻出整個人生。」

究竟有多少其他「患者」也體驗過這種「巔峰」，其實很難確認，也許是因為人們擔心自己會被視為「瘋狂」。然而，有些神經外科醫師發現，所謂的「杜斯妥也夫斯基效應」，其實是個不怎麼合理，卻很迷人的研究領域。瑞士日內瓦大學醫院的神經外科醫師，也從事過類似史丹福大學研究小組刺激 aMCC 以治療癲癇的研究，不過他們似乎一開始就聚焦在「狂喜癲癇」（ecstatic seizures）[24]患者這個子群體。運用強大的腦部造影技術偵測活動位置，發現島葉看起來是重點區域。在刺激前島葉時，某些患者會產生「精神層面的狂喜」。值得注意的是，其中一名患者在得知只要自己願意放棄這樣的狂喜狀態，癲癇就有可能治癒時，她沒有多想就直接拒絕了。即使患有嚴重的癲癇，她依然覺得「這樣交換不值得。」

島葉分為前後兩個部分。看起來後島葉負責的是原始（「客觀」）感官，內在與外在產生皆是。相較之下，前島葉（與 aMCC 相關）似乎負責處理更精細、微妙與主觀感覺的感官與情緒。克雷格（Craig）[25]、克里奇利（Critchley）[26] 等人認為，前島葉在很大的程度上決定了我們對身體與自我的感覺。此外，他們還指出，島葉的左側與正向感覺相關，而右側則與負向感覺相關。再次強調，島葉是大腦

當下的恐懼狀態以內感受的形式編碼成為身體標記 *

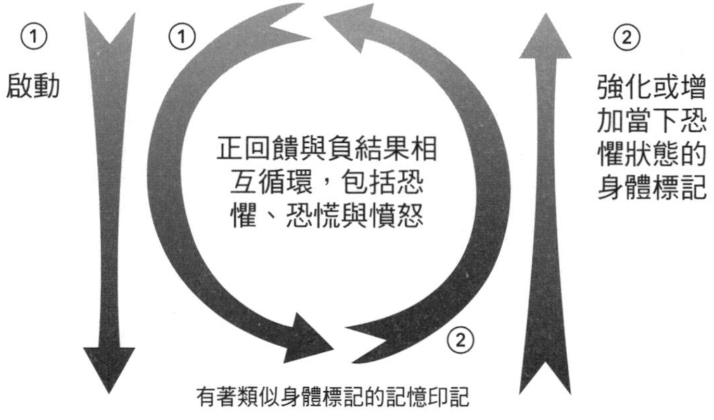

* 包括：肌肉緊張、收縮、顫抖、搖晃、虛弱、心率增加（或減少）、血壓增高（心悸）、低血壓（暈眩）、昏倒或頭暈、發冷、手汗、呼吸不足（過淺）或過度（過快）

圖 5.1　身體標記。上圖說明我們當下的內感受狀態如何連結展現類似狀態的情緒與程序性記憶。我們目前的身體／生理與情緒反應無意識地引導著這些會被記起的記憶與聯想類型；當下的恐懼狀態會喚起與恐懼相關的記憶，然後反過來強化當下的焦躁狀態。這會導致正（「逃跑」）回饋的循環，增加痛苦與潛在的再次創傷。

接收內感受（身體內部）感測器輸入的部分。就這方面來說，各種靈性傳統已經發展出各種呼吸、動態與冥想技巧來喚起這類的精神狀態，同時也提供如何處理這些情緒與感官兩極狀態的指引，畢竟在狂喜過後，通常會伴隨著「沮喪」，朝著負向的領域擺盪。

透過身體經驗創傷療法重新協商創傷時，我們會運用「擺盪」，也就是身體感官或情緒在擴展與收縮之間的轉移。這種潮起潮落會讓兩極逐漸整合起來。正是這種兩極的連結促進了深度整合，而且通常會是一種「煉金術層面」的轉化。

接下來在第六章中會擷取兩名個案的治療影片紀錄，以文字與照片的方式說明創傷處理中程序性記憶扮演的角色。第一個案例是十四個月大的學步兒傑克。受限於年齡與語言發展狀況，他的治療工作只涉及程序性與情緒記憶。不過，傑克在兩歲半時進行了後續追蹤，我們可以看到程序性記憶已經演變成情節記憶。

第二個案例是海軍陸戰隊員雷伊。阿富汗戰爭中，最好的朋友死在自己懷裡，後來又被兩枚土製炸彈擊中。在解決了爆炸的程序性記憶（休克創傷）後，接下來才能接觸並處理情緒、情節與敘述性（陳述性）記憶，並與身為倖存者的內疚、悲傷，還有同儕的離世達成更深的和解。

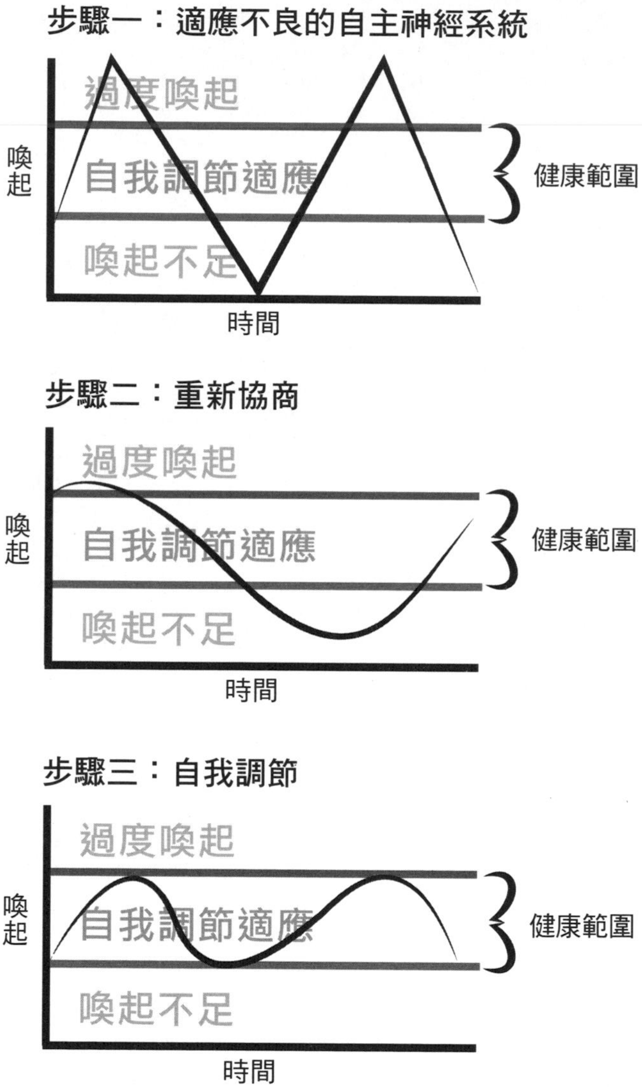

圖 5.2　自我調節之窗。上圖顯示在重建自我調節範圍與恢復動態平衡的過程中，如何重新協商過度喚起（衝擊）與喚起不足（封閉）的狀態。

第六章

個案研究：親密關係的觀察

母子重逢。

傑克寶寶的故事

傑克是個聰明活潑的學步兒，但同時又非常害羞保守。他是一位同業轉介過來的個案，出生時因難產，導致現在還深受後遺症之苦。他是頭上腳下的臀位寶寶，臍帶還在脖子上繞了三圈，胎頭被高高地卡在子宮頂端。小小的腿腳每踢一次，都讓他的頭被夾得更牢，也讓脖子上的臍帶纏得更緊。這種「沒有出口」的磨難，引發了原始的窒息恐懼，是大多數成年人難以理解的狀況[27]。緊急剖腹產期間，醫師注意到傑克非常痛苦，心率急遽下降，生命十分危急。除了剖腹產外，還需要強力的真空吸引才能讓胎頭脫離子宮頂部。出生之後遭受多名臨床醫師進行必要的穿刺、靜脈注射、積極檢查與緊急干預。

傑克現在已經十四月個大了，正準備進行另一項侵入性手術，檢查間歇性胃食道逆流的情況。他的母親蘇珊非常盡責地遵循兒科醫師的建議，並在第一次治療後兩週安排了內視鏡檢查。雖然她很感謝兒科醫師的盡心盡力，但還是希望能有另一種非侵入性的解決方案，避免造成創傷的可能性。抱著這個希望，她帶著年幼的兒子在二〇〇九年秋末來到了我的門前。

我在蘇珊敲第二次門之前露了臉，看到傑克趴在她的背上。蘇珊看起來有點尷尬，但還是跨過門檻進到我的辦公室，並未停下腳步。她鎮定下來之後，調整了兒子的位置，然後介紹了自己與傑克。他們走進屋裡時，我注意到母子二人的姿勢有點不平衡。其實原本可以當做是對陌生環境、陌生人與未知的治療方式抱持的不安而直接忽略。然而，這似乎是一個更根本的問題，他們兩人之間的節奏在根本上很不一致。

一般認為，母嬰之間出現隔閡時，是照顧者未能提供「足夠好」的環境以建立連結。但事實並非總是如此，蘇珊的情況顯然就不是。她真誠而有愛地付出了安撫、支持與關注。反倒是難產時的創傷造成的跌宕，讓母子倆在寶寶出生時必須分開。後續的「衝擊波」讓他們無法參與彼此最親密的時刻，干擾了充分連結與依附的能力。

在我的辦公室中，傑克掃視了這個陌生的環境，而他的母親則是在簡述他的症狀與接下來的手術。我一邊同理母親的擔憂，並提供關於治療工作的資訊，一邊關注著兒子此時此刻的動作。順著他的視線，我發現她對於桌子上方層架上滿滿的五顏六色玩具、樂器、玩偶與雕塑很感興趣。

我拿起一個藍綠色的霍皮族葫蘆沙鈴，開始慢慢地搖動出聲。我利用節奏吸引這對母子，並與傑克對上視線，喊出他的名字：「嗨，傑克。」我跟著沙鈴的節奏輕聲說道。

傑克試探地伸手去拿，我慢慢伸長手臂，要將沙鈴遞給他。接著他因為我的前進往後退縮。

然後，他再次張開手掌往前伸，但一碰到沙鈴就隨即推開，轉向母親的方向，痛苦的輕哀了一聲。

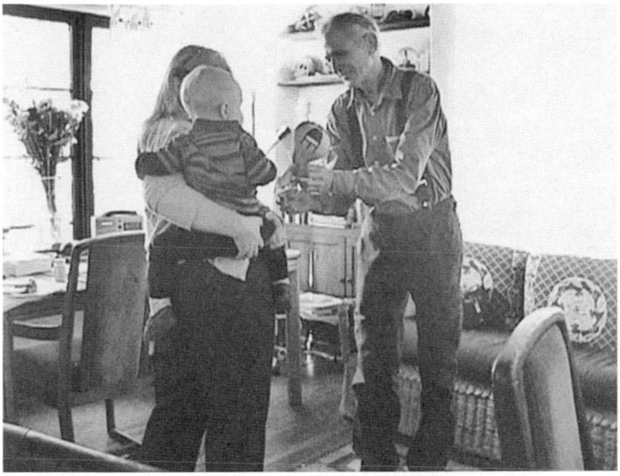

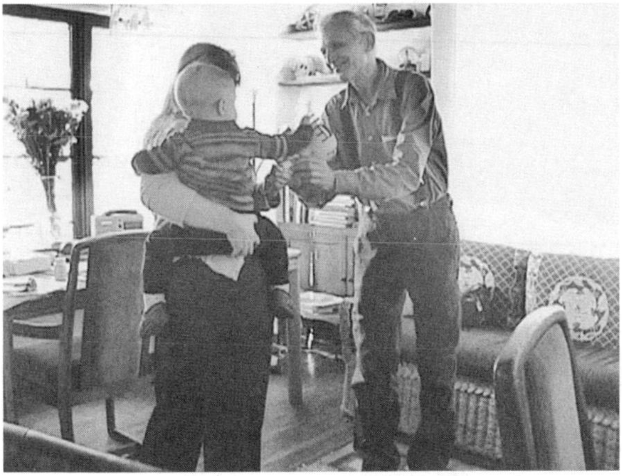

蘇珊的回應是抱緊傑克，快速向後轉去，背對與我的互動。傑克因此分了心，移開視線，安靜下來。我開始跟傑克聊起他出生時的狀況，說得好像他能聽懂我的話一樣。我的講話韻律與語調似乎能夠讓他感到撫慰與安心，明白我是他的盟友，而且在某種程度上能夠理解他的困境。

回復平靜後，他好奇地再次伸出手，然後指著桌子。「蘋果、蘋果。」他說著，將左手伸向裝了三顆石榴的盤子。

我端起盤子遞過去。傑克伸手碰了其中一顆石榴，然後推開。這次他推得更堅決。「你喜歡推這個動作，對嗎？」我問道，一樣不只是用語言，也用韻律與語調溝通。「我當然明白你為什麼一直推開，畢竟那些陌生人都在戳刺、傷害你。」為了加強他推開的衝動與力量，我伸出一根手指給他；他伸手推開。「很好，很棒。」我回應道，表達了鼓勵、溫暖與支持。「你一定是不想有東西靠過來，對吧？」傑克又輕哼一聲，像是在附和。

蘇珊坐到沙發上，開始脫傑克的鞋子。我們在提及他的胃食道逆流，還有滲透肺部的可能性時，傑克似乎感到害怕，頭撇向一邊不看我們。蘇珊提到小兒外科醫師建議做內視鏡檢查時，傑克似乎露出苦惱神色：他的臉因為擔心與焦慮而皺成一團，喊道：「媽媽。」傑克似乎意識到我們談話的含義（也或許是察覺到母親的不安），一瞬間，他的背部中央變得僵硬。

他轉向自己的母親，我輕輕將手放在他的背部中央，手掌接觸著他僵硬收縮的肌肉，手指置於他的肩胛骨之間。

傑克又哼了一聲，然後轉過來直視著我。因為我們保持著眼神接觸，所以我評估認為肢體接觸也會很安全。蘇珊講述傑克發生過的症狀、治療與醫療評估時，傑克都與我保持眼神的交流。

突然，傑克的腿腳使勁踢著蘇珊的大腿，把自己往上推向她的左肩。這個動作讓我迅速聯想到當初未完成的自然分娩過程。這些本能的動作（程序性記憶）造成他被卡在母親子宮頂部，同時臍帶繞頸，加重他的痛苦，又刺激推動的本能，反過來再造成更多痛苦。就像是按照一個極具戲劇性、精心設計的劇本，傑克又用力踢了母親的大腿兩次，再次將自己推上她的肩頭。

傑克補完了分娩時的推擠動作，這是傑克需要經驗的一連串重要過程，期間沒有造成窒息、顱壓升高，也沒有產生胎頭被子宮頂部夾住的「無助感」。這讓他在此時此刻成功地「重新協商」了他的出生過程。我悄悄地把手移開他的背，讓他安靜下來。

他的母親對踩踏做出的回應，是扶著他在自己腿上站好。我保持柔和的表情，眼神專注而投入，傑克兇猛地直視著我，彷彿表達著自己憤怒的決心。他的背脊伸展開來，看起來更加挺直警覺[17]。

我再次伸手觸碰傑克的背部中央，輕聲撫慰道：「真希望我們能夠多玩一會兒，不過因為已經訂好過幾週就要進行手術，所以我想看看是不是能夠做點什麼來幫助你。」傑克又僵住了，用力推開我的手。他的表情扭曲，憤怒地瞪了我一眼，同時縮手準備再次防衛性地將我推開。

我將拇指抵在傑克小小的手掌中央，配合他的力量大小，讓他能把我的手推開。我觀察到，如果他伸直手臂，就能運用背部中央的所有力量，結實地推出去。我們保持視線的接觸，我睜大眼睛，帶著驚訝、鼓勵、興奮與邀請的目光，回應他全力展現出的攻擊神情。

他把我的手推開時，反應轉變成一種類似在慶祝的樣子。我像照鏡子那樣模仿他大獲全勝的表情，看起來像是戰勝了一名不受歡迎的侵入者，也就是他最初對這個世界的認知：充滿威脅與敵意。

---

⑰ 在我的臨床工作中，我觀察到透過剖腹生產的寶寶，通常在初次嘗試站立時，往往會缺乏力量。而他們成年後，在行動力方面也較為困難。

傑克抽回手，輕輕地哼了一聲，但他仍保持視線的接觸，對我示意著他想繼續下去。

他再次用力推開我的拇指，然後叫得更大聲。他的哭喊明顯帶著痛苦、困惑與憤怒。

在我把手放到他的背上後，哭喊的情緒加深，更具自發性。深沉的抽泣聲從橫膈膜傳出。他把我的手推開，我又描述了一次出生時的狀況，那些觸摸、戳刺他的所有人，他一定也多麼想把他們推開⑱。

在這不斷推擠的過程中，傑克第一次中斷了我們視線的接觸，轉向他的母親。哭喊明顯帶著痛苦、困惑與憤怒。

⑱ 當然，傑克完全理解我話語的可能是微乎其微的，但我相信，他以這樣的方式溝通，傳達出比言語本身更多的訊息，這是他對痛苦的一種反應，也讓我感受到我「接住他了」。

幾秒鐘後，他又轉回來重新與我的視線接觸，儘管哭喊聲越來越大。我配合他的痛苦，用安撫而有節奏的韻律來回應支持他的哭喊：「是啊……是啊。」

傑克第一次自然地深吸一口氣，將胸口轉過來對著母親，然後回頭看我，再次與我的視線接觸。

我對蘇珊解釋了鼓勵傑克深呼吸，讓空氣來到背部的胸椎位置十分重要。我把手放在她的手上，引導她將手放到傑克背上，示範如何在這個區域支持他，並引導他將意識集中在此。我解釋說，他在這個區域的模式緊繃而收縮，有很大的可能影響了胃食道逆流的問題，而事實的確如此！傑克還是在哭，但保持相對的放鬆。我們暫停了一會兒，因為我看出蘇珊正沉浸在自己五味雜陳的想法與感覺中。

蘇珊深吸了一口氣，接著驚奇地低頭看著兒子。「他從來不哭。」她說道。「或者應該說，他通常是小聲嗚咽，從來沒有像這樣放聲大哭過！」我安撫她說，這看起來是一種情緒釋放的深沉哭泣。

「我的意思是，我不記得上次看到他臉上流著眼淚究竟是什麼時候了。」她感激而訝異地加了這一句。

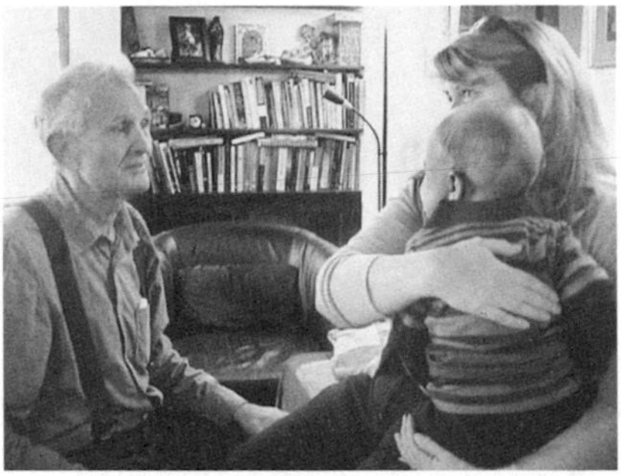

傑克從母親懷中伸出手，果斷地將我的手指從他的領域周圍推開。我再次向蘇珊強調，對他來說，一堆陌生人用各種管子與針頭戳探，一定非常不舒服，讓他感到自己多麼渺小無助。傑克更進一步深埋進母親的大腿與胸部，而蘇珊重新調整了自己的姿勢。

傑克以一種融入的新姿態窩在母親懷中，這是她從來沒見過的狀況。這種融入指的是嬰兒的身體緊密地貼合著母親的肩膀、胸部與臉部，是親密關係的基本要素──一種親密的舞蹈，讓嬰兒知道自己很安全、得人愛、受保護。我相信這個姿勢也複製了胎兒在子宮中那種緊密與包覆的生理位置，並傳達出同樣安全而和美的原始身體感官。

「我不確定該拿這個樣子怎麼辦。」她評論道，用下巴指了指傑克舒舒服服窩著的身體。我們暫停下來欣賞他們兩人之間這種微妙的接觸。

「哇喔！」她打破沉默說道。「他身體好暖。」我說明這是種伴隨著哭喊與情緒釋放的發熱，屬於自主神經放電的一部分。

蘇珊輕輕搖晃傑克時，他慢慢平靜下來，身體仍然完全臣服地貼合著母親。他輕鬆地深吸一口氣，然後自然地完全吐出來，聽起來像是激動的狂喜與深沉的壓力都受到緩解。事實上，蘇珊也放鬆了警戒，擺脫了懷疑，開始相信這種新的連結「真實地發生了」。

蘇珊低頭看著她的兒子，傑克還是深深地埋在他的胸部與肩膀裡。她傾身向前，讓自己的頭臉與傑克的融入更貼合。兩人可以說是在「重新協商彼此的親密關係」。蘇珊繼續輕搖著兒子，並保持之間的連結。傑克持續輕微地移動來調整自己，然後自然地深吸了幾口氣，呼吸聲飽滿而紮實。蘇珊因為這樣的接觸與連結，狂喜地仰起頭。

傑克從母親的懷裡向外張望，再次與我的視線相對。我意識到他今天承受的已經夠多了，所以開始準備結束治療。蘇珊注意到我在收尾，不過她還想再次跟我分享自己的訝異與渴求。

她帶著驚奇而困惑的表情說：「我從來沒有看過他這麼安靜的樣子。」然後她問傑克：「你睡著了嗎？真可愛，喔，太可愛了。」彷彿是第一次認識她的孩子一樣。

我要求蘇珊在接下來的一週記錄下傑克在行為、活力、睡眠模式、胃食道逆流症狀等各方面是否有任何新的變化。傑克從安全的懷抱中探出頭來，給了我一個簡潔而燦爛的微笑。我也微笑以對，同時說了幾句邀請的話。幾秒後，他放鬆的臉龐又浮現另一絲微笑。

治療結束前，傑克與我玩了一會兒捉迷藏，氣氛溫馨而有趣。不過，他一直沒有離開母親的懷抱。蘇珊蹭了蹭他的頭，沉思道：「真的很不一樣。通常他會快速地抱一下就走開。」她像是對待新生兒般將傑克拉進自己懷中聞了聞，也嘆了口氣，然後展現燦爛的微笑。「真是太奇怪了。」她低聲說道。「傑克很愛我，但一向靜不下來……他沒法跟我待在一起……總是在尋找新奇的事物。」

他們繼續依偎在一起，彼此露出會心的微笑。他們絕對的喜悅顯而易見、極其明瞭。她的孩子回來了，他們一起歡慶了這次的重聚。

在一週後的下一次治療，蘇珊想分享幾件小事。她昂揚的興奮感與傑克自在的好奇心深具感染力。他們一起坐在沙發上，傑克靠在母親胸前。我坐在椅子上傾身向前，急於聽到她的報告。她首先描述了我們第一次治療後隔天晚上發生的事。

「他半夜醒來，喊了一聲『媽媽』。」蘇珊說道，接著補充說，她就像平常一樣去把傑克抱起來。傑克靜靜地坐在她的大腿上，把頭深深埋進母親懷中。「我把他抱起來後，他就像現在這樣。」她又說道，用下巴指著傑克舒服地躺在她身上的樣子。

我帶著欣賞的微笑看著他們。「在我看來，他是在彌補失去的時光。」我這麼表示。

她繼續述說她的故事：「嗯……然後他說：『蘋果、蘋果。』我以為他想吃點東西，但如果是的話，通常他會掙脫我的懷抱，跑去廚房。所以我意識到他一定是在說你桌上的『蘋果』，就是石榴。」她解釋說，上次來我這邊治療後，沒過兩天就要去兒科醫師的門診，這讓傑克很不安。他們開車回家時，傑克在汽車座椅上不斷對蘇珊喊道：「皮塔、皮塔，蘋果，皮塔。」

「我又以為他餓了。」蘇珊繼續說道。「然後問他是不是想吃披薩。『不是。』『皮塔、皮塔，蘋果！』我意識到他在說你，想要說的是：『彼得。』太神奇了，不是嗎？他覺察到這麼多，還想說出自己感覺到的變化。」她問道，抬頭看著我尋求認同[19]。

我帶著同樣愉悅而欣賞的微笑，然後詢問傑克的活力如何。「他變得更愛講話，互動也更多。他會給我們看許多東西，希望我們能有所回應。也似乎更想要我們陪他玩，玩起來也更加投入。」蘇珊彎下腰親吻窩在自己腿上的傑克。

[19] 我認為蘇珊回報的內容說明了前邏輯關聯網路（程序性記憶印記）的形成過程。我們接下來會看到，他們在傑克四歲半回來進行兩年後的回診時，網路依然存在。

「不過說真的，這是最大的改變。」她說道。「我想不透……，他這樣窩著坐好，就是一大改變，跟以前完全不同。這不是他……這是……這是一個新的他。」

「也許這是新的我們。」我回答道。

蘇珊有點不好意思地低下頭，非常輕聲地說：「我真是覺得太好了。」

剩下的治療時間傑克與我幾乎都在玩。我察覺到，出生創傷與中段的連結大部分都已經解決，他的社交運作系統正在覺醒，熱情奔放地連線中。如前所述，依附關係的欠缺常常歸因於缺乏母親方面的連結與同步。但正如現在所見，是他們的共同創傷打斷了之間的自然節奏與相互連結的動力。

第一次治療時發生的融入，是親密關係的重要組成，是母子之間生理的「呼喚與回應」。蘇珊與傑克之間的親密關係，因為出生時的難產與新生兒照護而嚴重斷裂，所以是在傑克發現自己具有自衛能力並建立界線之後，才再次進行重新協商。同時，傑克還補完了分娩時關鍵的推擠動作，這個過程在出生時因為受到衝擊所以也被中斷，並未了結。

據說，我們對於早期語言發展前發生的事件能記得的非常有限。然而，早在子宮內的妊娠中期，還有很明顯地在出生期間，「隱藏」起來的記憶痕跡確實存在（以程序性記憶的形式）。這些印記對我們之後的反應、行為，以及情緒、感覺狀態，都具有強而有力的影響。不過，這些分娩前後的周產期印記，只有在我們知道其所在與找尋方法時，才會變得清晰可見。這些深沉的周產期與出生印記，即使會被後來的印記所覆蓋，還是可以透過以下的比喻方式來尋找：想像自己坐在海邊觀察海洋。我們首先會意識到海浪與白色的浪峰。但如果要潛入海中游泳，就會受到洋流與激流的嚴重影響。的確，海流的作用力要比波浪大得多。此外，幾乎不可見的潮汐作用，比起這兩種力量更要大上許多倍。我們必須坐下來花好幾個小時觀察水位才能察覺到潮汐的存在，但從潮汐中汲取的力量卻可以照亮整個城市。

要在較近期的記憶印記下尋找強大的周產期與出生印記，需要我們臨床醫師像觀察海浪、洋流與潮汐一樣，保持耐心而放鬆的警覺性。正如棒球名人尤吉・貝拉（Yogi Berra）所說：「你可以光是透過眼睛就能觀察到許多東西。」就傑克而言，在像是他將整個身體從他的母親腿上推起，而我用手支撐著他的背部的時候，就注意到了他這些早期原始有如潮汐一般的力量。這個動作證明了傑克想要完成出生時分娩推擠的內在驅力。當初他被困在母親的子宮頂端時，動作受到阻礙，越是推擠就卡得越緊。在幾年後的回診中，我們觀察到傑克成功地重新協商了出生創傷，並加強穩固了這個長期的成果。

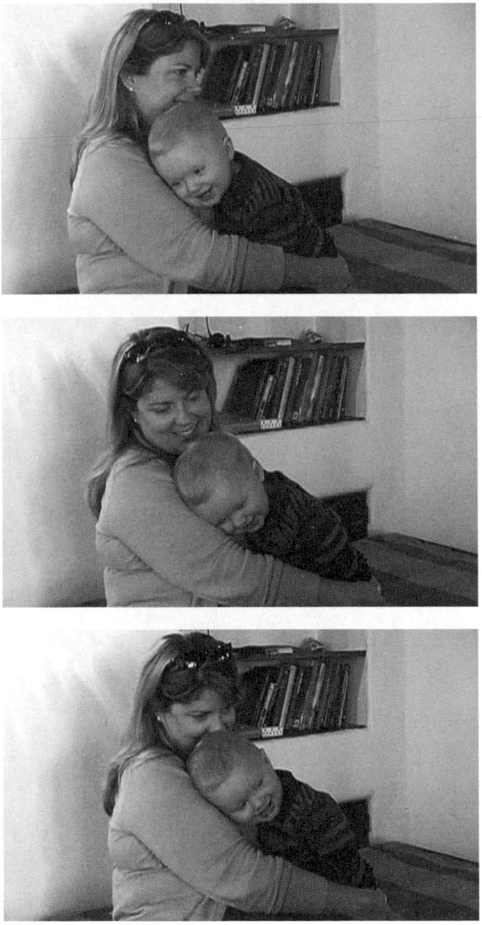

蘇珊與小傑克重新建立了連結。

傑克的回診

我邀請蘇珊在傑克滿四歲後過來進行簡單的回診，也作為慶祝傑克的生日。能見到他們讓我感覺興奮，因為我們一同經歷了那些奇妙的時刻，而且老實說，我也很好奇他的程序性記憶會如何展現出來。

以神經發育的傳統理解來說，傑克是在十四個月大的時候第一次見到我，他還太小，無法形成任何情節或有意識的記憶。此外，在這個年紀，任何類似自傳式或敘事記憶都不可能存在。他們進門時，我向傑克與蘇珊重新介紹了自己。蘇珊問傑克是否還記得我。他斷然否認，堅決地說：「不記得！」然而，蘇珊輕笑起來說道：「我們走進門口時，傑克問我：『媽媽，他會把手放在我的背上嗎？』」顯然，傑克可以從他十四個月大那時我們的會面中獲取程序性（與身體相關）記憶的情節片段。

回想第一次治療時，傑克投入並發展了設定界線的驅力，並且不再感到無助。在他發現這一次自己可以成功推擠通過產道，不會被卡住時，他對生產過程產生新的掌控。隨著哭喊語自主放電（潮熱與自主呼吸），激發出他們母子倆先天的生物驅力並結合起來，讓傑克能深度融入並連結起與母親之間的親密關係。透過這些步驟，他能夠完整體現這個經驗，並將之封裝在石榴（「蘋果」）的意象中。這個意象加強了他與我們三人之間的連結。之後，他還能獲取這個意象以及我的名字（「皮塔」），幫助調節被醫生驚嚇後的自我。

現在，在我家門口，四歲半的傑克已經將程序性記憶轉化為情緒記憶，對事件擁有的感覺，同時渴望更多這樣的情緒。記憶印記的轉化，從程序性到情緒再到情節，可以從他滿心期待的問題中看出：「他會把手放在我的背上嗎？」

蘇珊繼續說道，傑克後來運動神經相當出色，也是幼幼班裡最聰明的孩子之一。這並不奇怪，因為他對我房間裡許多物品的興趣相當持久。蘇珊還指出，傑克很少會窩在她懷裡，除非感到悲傷、疲倦或害怕，而這正是這個年紀的孩子完全正常的反應。

「所以，傑克，」我問道：「你最喜歡什麼運動？」

「棒球。」他笑著回答。

「那你打什麼位置？」我問道。

「喔，我喜歡當投手、二壘手，還有捕手。」他回答道，臉上明顯帶著自豪的微笑，因為他能夠記住所有這些位置。

蘇珊說，傑克總是和同儕朋友一起玩，而且變得相當自主。雖然她還是加了一句：「不過他仍然時不時會喜歡過來抱抱。」彷彿是得到了暗示，傑克爬到母親腿上，用頭與肩膀蹭著她的胸口，就和三年前曾經的動作一樣。蘇珊的嘴唇與眼睛露出大大的笑容，彷彿就像是在這次的重聚慶祝上，他們一起穿越回到過去。接著蘇珊大聲說出自己的困惑：「這真的很不尋常，傑克熱愛社交，總是活潑外向，或是喜歡跟朋友在一起。」

所以這一切能讓我們理解到什麼呢？我很確定傑克在「意識層面」並不記得我（也就是陳述性記憶的部分），那麼他為什麼會問這個問題？是記憶的哪個部分促使他問蘇珊：「他會把手放在我的背上嗎？」事實上，傑克是不是正在運用大腦／心智中偏向意識的部分，來獲取處於潛伏狀態的原始感官（程序性記憶），直到站在我家門口時受到觸發？

傑克四歲半的身體開始重演三年前的內隱經驗，但這次他能夠用語言述說身體的經驗，問出我是不是會把手放在他背上的這個問題。接著，因為得到提示與允許，他重演了安全地窩在母親懷中的程序性記憶。他蜷縮在母親的大腿上，背對著我，這是在邀請我把手放在他的背上，再次輕輕摩娑他現在已經長成的強壯運動員體格，然後自己融入母親充滿愛的懷抱。

他依偎在大大的擁抱中，得到圓滿的結局。

傑克繼續成長茁壯，感謝他與他的母親讓我分享他們的旅程。

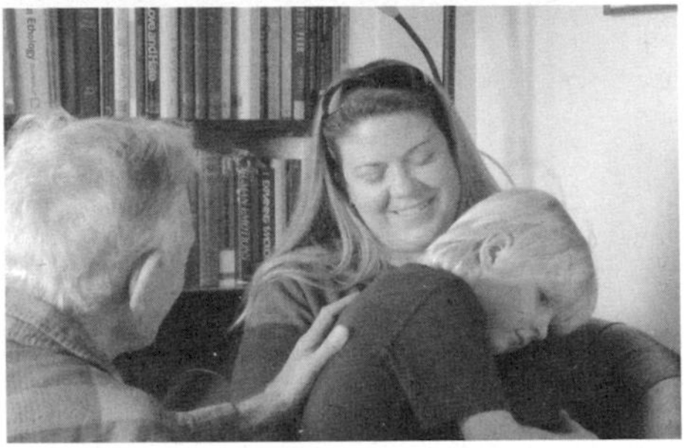

雷伊——療癒內在的戰爭

在戰爭中表現出色的人，才能獲得在和平中開始表現出色的權利。

——羅伯特・布朗寧（Robert Browning）

序幕

一個冷酷的事實：每天都會發生至少二十二起軍人自殺事件。這個總數超過了伊拉克與阿富汗戰爭中的死亡人數總和，也是一般人民自殺事件的兩倍多。我們現在要了解的是雷伊的故事，他所屬的排是海軍陸戰隊中自殺率最高的單位之一。

兩三百萬的軍人從前線返鄉，伴隨著戰爭的隱藏成本。他們把看不見的痛帶回家，創傷「感染」了家人，然後擴大到社區。的確，如果有一百萬從前線回來的人患了極其致命的結核病回來，會被認為是國家緊急狀態。我們會立刻召集全國的科學家與臨床醫師，請求他們的專業與關注。但是，對於創傷、憂鬱、自殺、暴力、性侵、離婚、成癮與無家可歸等，這些即將襲擊臨岸的海嘯，我們卻睜一隻眼閉一隻眼，無處著力。我們的士兵缺乏有效的心理健康治療，就國家與特別是治療師應擔負的集體責任來說，這是一種大規模的放棄。忽視這義務幾乎就能確定磨難會像瘟疫一樣蔓延，最後我們所有人都受到影響。

無論我們個人對特定的某場戰爭抱持怎樣的信念，身為社會的一分子，我們都對這些歸來的戰士有所虧欠，因為他們代替我們將自己置於危險之中，回歸平民生活的治療與復原，是他們極其應得的報償。雷伊正是這樣一位傑出的年輕退伍軍人，以下是他的故事。

雷伊與他的同袍駐紮在阿富汗赫爾曼德省。二〇〇八年六月十八日，他們遭遇了暴力突襲，排裡幾名隊員被殺，摯友死在他懷裡。當天稍晚巡邏時，兩枚土製炸彈（簡易爆炸裝置）連續快速爆炸。這些爆炸非常靠近雷伊，也的確將他炸飛。兩週後，他在德國蘭施圖爾（Landstuhl）的軍事醫院醒來，無法行走或說話。他只能逐漸憑藉著純粹的意志力，重新學習這些基本技能。我第一次見到雷伊是在大約六個月後，他患有嚴重的創傷後壓力症候群、TBI（創傷性腦損傷）、慢性疼痛、劇烈失眠、憂鬱症，並診斷出妥瑞症。當時他服用多種強效精神科藥物，包括苯二氮平類鎮定劑、思樂康（一種「抗精神病藥物」）、多種SSRI抗憂鬱藥物，以及鴉片類止痛藥。

二〇〇八年十二月，雷伊被帶到我在洛杉磯舉辦的一個治療小組中（治療1）。在第一次治療後，我們又在我家進行了三次無償治療（治療2、3、4）。然後，二〇〇九年，我邀請他參加我的一個五日工作坊（治療5～10），舉辦地點是埃薩倫研究所（Esalen Institute），位於壯麗崎嶇的加州大蘇爾（Big Sur California）海岸線上。這提供了我們繼續一起共事的機會，並讓雷伊能夠在安全與支持的社交環境中與他人互動。

治療1

雷伊首先談到他為了治療診斷出的多重病症，服用了十幾種強效且具有麻痺作用的精神科與麻醉藥物。從功能上來說，他的損傷在於頭頸部的痙攣性收縮，從眼睛與下巴開始，然後向下擴散到脖子與肩膀。在第一次治療中，他會移開目光，低頭看著地板，無法與人視線相對，傳達出一種全面的羞恥感與挫敗感。

雷伊試著對上我的視線時，我注意到其中一種痙攣性收縮。這串連續動作發生的間隔大約是半秒，也許就是因為如此，他才被診斷出妥瑞症。然而，從身體經驗創傷療法的角度來看，這些快速的連續動作會視為不完整定向與防禦反應。

遇到第一次爆炸時，雷伊的耳朵、眼睛與脖子會（勉強）朝向事件的源頭轉過去。這些動作前的準備反應是在原始腦幹核心反應網路（CRNs）[29]中觸發。但是，動作還沒來得及做出來，第二次爆炸幾乎同時發生，兩次爆炸將他猛烈地炸飛到空中。這時，他的頭頸會突然被推入軀幹（所謂的烏龜反射），而身體的其他部分則會蜷縮成球狀（或者以術語來說是整體屈肌收縮反射）。簡單地說，兩種反射一起形成了因為「卡住」與衝擊而產生的不完全定向與保護性防禦反應連續動作。這種不完全的程序性記憶（固定的動作模式）導致了持續現象與所謂的類妥瑞抽動痙攣。

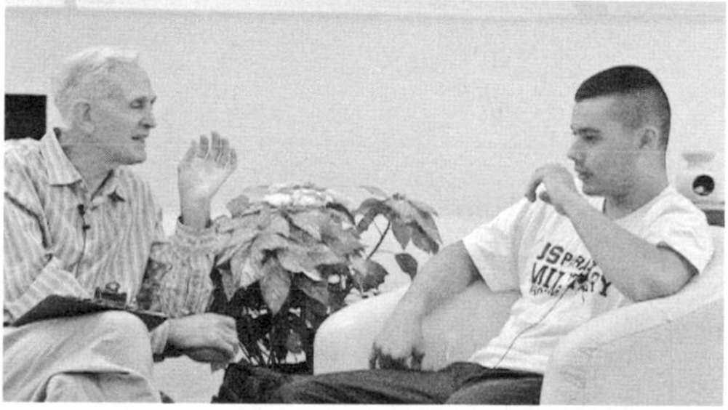

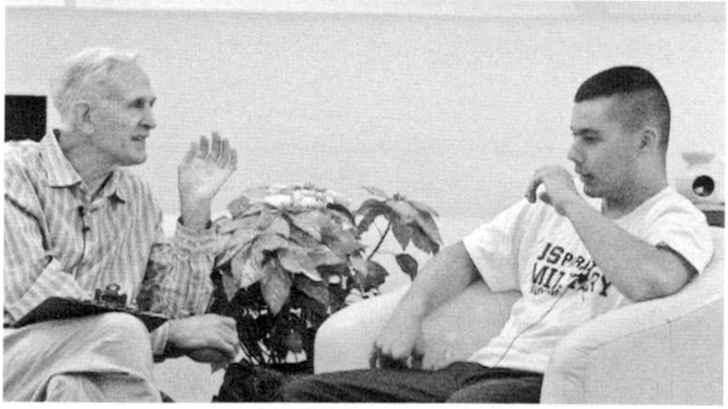

我注意到雷伊的下巴會先收縮，之後不到一秒，包括頸部與肩膀會跟著一起抽搐。為了打斷這個連續動作，我要他非常、非常緩慢地開合自己的下巴：張開到他開始感覺阻力或恐懼的程度，然後再無比輕柔地閉上嘴巴。我們再做了一次，張開到感覺阻力，每一次逐漸增加張開的程度。我讓他重複幾次同樣的覺察練習。每一次，都能看到他的嘴巴更張開一點。這個練習透過減少「過度耦合」的狀況，讓連續痙攣的動作能夠以輕微發作的程度結束。雷伊突然睜開眼睛，好奇地環顧四周，描述有一種愉悅的刺麻感從他的下巴擴展到手臂。

接著，我讓雷伊用眼睛追視我的手指。（追視手指的持續時間約5～6秒。）

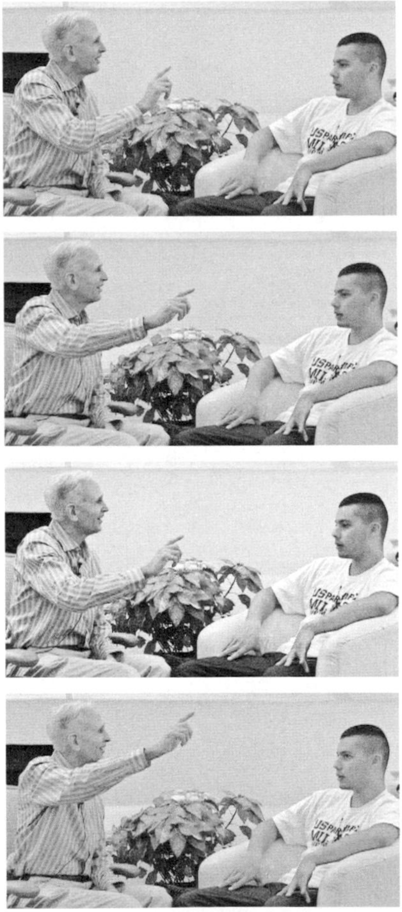

眼球運動視定向反應的重要

部分。如果聽到很大的聲音（或者甚至是微弱的腳步聲或森林中樹枝的斷裂聲），我們的眼睛都會試著去定位干擾源。我在這個練習中要尋找的是，雷伊的眼睛順著水平、垂直或圓形的軸線，會在什麼地方凍結、跳開，或「恍神」。雷伊的眼睛原本會朝第一次爆炸的來源產生定向反應，但隨後受到衝擊，被炸飛到空中，無法鎖定與辨識威脅的來源。他的神經系統顯然無法處理這一連串過度衝擊的事件，尤其又加上之前的交戰與摯友死亡。分離的眼球運動箝制住下顎肌肉，我已經確定這是神經肌肉連續痙攣動作（程序性記憶）的起因，也是我們要進一步處理的狀況。

持續時間 10 秒

在檢查他的視覺反應時，我看到他的眼睛偏往左側象限5～10度處鎖定，讓我更確定爆炸應該是來自他的左方。我在雷伊的視線凍結或「恍神」時停住了手指的移動。這些反應分別代表束縛與解離。不管是觸發哪一種反應，我都會暫停並讓狀況穩定下來。這種用力、觸發反應、安撫，以及穩定的組合動作，促使程序性記憶朝著最終完成的方向前進[20]。我溫和地進行觸發／穩定的循環，以間隔的方式執行這些動作，雷伊的眼球追蹤開始逐漸「緩和」，痙攣的連續動作沒那麼激烈了，而且開始變得更有條理。雷伊回報說他覺得更平靜了。

休息了幾分鐘，讓他被觸發的反應穩定下來，我再繼續眼球追視的練習。這次的痙攣連續動作只發生了一分鐘。然後，雷伊第一次能夠輕鬆（自然）呼吸，心率也從100降到75。我透過觀察他的頸動脈察覺到這一點。他說雙手感覺到深層的放鬆，

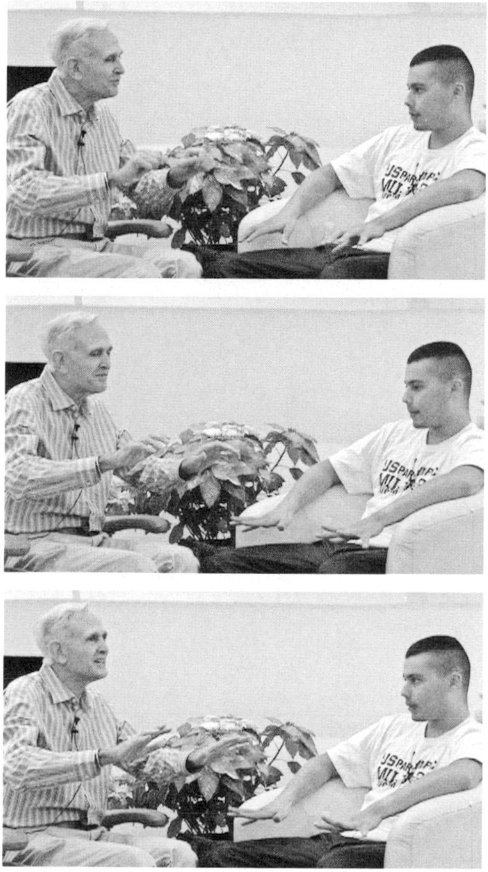

持續時間 5 秒

還有「一種刺麻與溫暖擴散到全身」。我臉上的滿足表情反映了我們倆共同的心境，發現他能安定下來，朝著愉悅寧靜的方向前進。

⑳ 為了避免混淆，這種視覺上觸發驚嚇反應的時空象限，處理方式其實與眼動減敏與歷程更新治療使用的手指移動完全無關。

治療3

第三次治療是在我家，我要求雷伊評估自己的進展，以一到十分的量度記下他目前所在的位置，一分是在洛杉磯的第一次治療之前，十分是他充滿能力、自信，並擁有想要的生活。他認為現在他是四分。然後我問他是否可以展望未來，想想自己接下來幾週與幾個月後會是幾分。他以一種擴展的姿勢張開雙臂，然後說他可以看到自己得到六分……然後是八分。作為他的「教練／嚮導」，對於他認定自己擁有療癒動力的信念，我毫不掩飾地表達出熱情。雷伊如此積極參與的「量化」評估，是一種非常有用的練習，可以幫助個案了解他們顯然正在擺脫創傷性休克／封閉，這種原本讓他們無法想像能夠擁有與（創傷的）過去不同未來的狀況。雷伊說得好：「現在我可以看到自己擁有光明的未來。」

治療 5

雷伊接下來的幾次治療，是在位於加州大蘇爾海岸線上的埃薩倫研究所進行的一週工作坊。

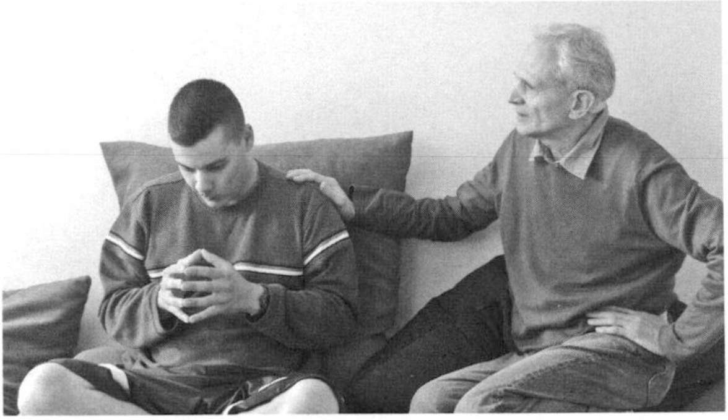

這次的治療中，我要雷伊持續發出特定的「嗚」一聲，同時進行下顎開合的動作[21]。這是為了幫助他將腹部的生命能量中心與下巴的堅毅攻擊能力連結起來。雷伊最初回報說，全身感覺刺麻，讓他更有活力。可是他卻無法維持這種生氣勃勃的感覺，姿勢開始萎靡，呼吸開始急促，整個人越來越緊縮。我懷疑這次的封閉源自於他一直抱持著的倖存者內疚感，在感覺到活力的當下被觸發。我們可以清楚觀察到，他的頭低了下來。為了探索這種內疚感，我讓他說出以下的話語，並在說的時候注意身體內部產生什麼變化：「我還活著……我在這裡……我活了下來……不是每個人都活下來。」透過腳本來進行探索，讓他既承認自己的內疚，也開始面對自己的憤怒。最後，這股憤怒揭開了他因為失去親密的同袍戰友而產生的深沉悲傷[22]。

為了幫助雷伊處理他的憤怒，以及了解他失落、脆弱與

無助的潛伏情感，我邀請了小組中的兩名成員來幫助他控制並引導憤怒的情緒。我希望他能維持這個動作，並引導至一個大抱枕中，而不是直接宣洩爆發。因為他深怕自己的怒火與憤恨可能會導致自己、傷害他人，所以他慣於克制自己出手的衝動。這種想要出拳與破壞的衝動會帶動他的前鋸肌。感覺到這種難以抗拒（但不可接受）的衝動時，他會同時收縮手臂與肩膀內側的肌肉，以阻止這種想要消滅他人的禁忌衝動。然而，這種神經肌肉的意志鎖住了他的身體，並將他柔軟的情感埋藏在一種陽性的「盔甲」之下。

㉑ 關於這個練習的說明，可以參見《解鎖：創傷療癒地圖》（*In an Unspoken Voice*）。

㉒ 如果沒有先充分解決（因爆炸引起的）驚嚇反應，就不可能進行情緒的處理。問題的解決主要是發生在我與雷伊的前三次治療。不過，我們後來還是持續審視這些弱化的驚嚇反應殘餘，因為這類的反應會不時地忽隱忽現。

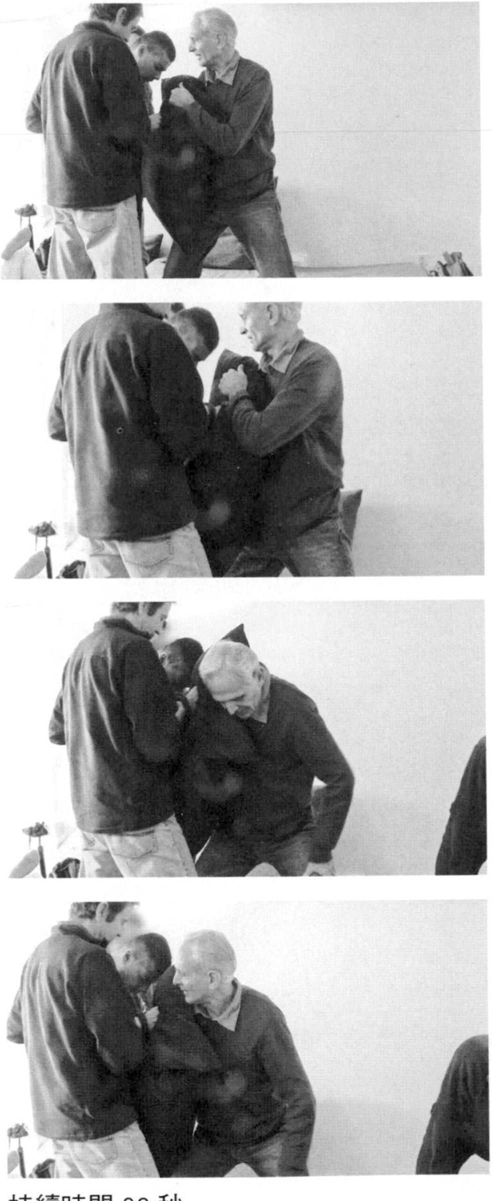

持續時間 30 秒

兩名小組成員現在「接手」了克制功能（縮手），然後幫助他控制並引導出拳的動作，讓他能夠以安全而定量的方式感覺這種不受控的衝動，並且繼續前進。這讓他體驗到完全的「健康攻擊」，也連結到自己的「活力」，也就是生命衝力。他重複這個受到引導的動作三次，在每次延長並維持向前出拳的動作後，讓感官與啟動的狀態穩定下來。

練習第三次後，我問他雙手與雙臂有什麼感覺。他回答說：「感覺真的很強壯……很棒、很正面……讓我好像可以在生活中繼續前進。我覺得我的力量可以讓我從現在的生活中得到想要的東西，但同時仍能給予我逝去的同袍想念與崇敬。」這種在生活中繼續向前的狀態，就是「健康攻擊」的本質。

這時我們並排坐在一起。雷伊敘述當他看到最好的朋友死在自己懷裡時，究竟是什麼感覺，是一種徹底的無助與失落。在我與團體小組的支持下，他平和、優雅、冷靜，最重要的是，有尊嚴地做到了。他冷靜地承認並與大家分享自己的痛苦與悲傷，眼中湧出淚水。

這種「柔軟情感」的成分，是一個六階段有機連續過程的頂峰，其中包括①解決爆炸引起的休克反應；②想像一個與過去不同的未來；③透過團體支持與控制來處理內疚與憤怒；④連結健康攻擊與內在力量；⑤讓他最終能平靜接受更深層次的悲傷、無助與失落的感受；⑥定位於此時此地。在團體中很害羞的雷伊，開始看著我，並環顧房間四周，彷彿是第一次見到其他團體成員一樣。他能夠帶著深沉的失落感與他人在一起。這對他來說也許是一個「過渡家庭」，是與平民生活和情感世界的連結。

在埃薩倫研究所的治療完成後幾個月，雷伊與梅莉莎（Melissa）結婚，還生了一個兒子南森奈爾（Nathaniel）。

二〇一二年，他們安排來我在加州恩尼西塔斯的住處拜訪，確認一下狀況。

雷伊描述說，治療的前一天晚上，因為興奮的關係，他「激動」了起來。於是藉由我教過他的一些練習，他才能讓自己迅速放鬆下來。接著我們一起練習了「嗚」聲與下巴的動作。他說感覺到放鬆與「一波波的溫暖」，還有「一波波的喜悅」。

我詢問雷伊生活過得如何，他說了一些進行馬術治療的經驗，並體會到這些動物不會評斷人，而且願意付出信任。

我要求雷伊進入自己的內心，覺察自己能否感受到與馬匹相同的那種不會評斷的特質，再覺察自己是在身體的哪個部分體驗到這種內在感官。當他開始與這些自我關懷的感覺連結起來時，我要求他看著梅莉莎，並覺察自己對她的感受，以及她對自己的感受。他們默默相互注視對方，露出溫

草地成癮治療中心授權（Used with permission of The Meadows Addiction Treatment Center © 2012.）

柔的微笑。

梅莉莎描述自己如何學會給予丈夫空間，在他需要獨處的時候不會感覺被針對而不舒服。

梅莉莎開始流淚，她描述自己有多欣慰，他們能夠到達現在的狀態，即使雷伊需要獨處，兩人的心仍在一起。對於退伍軍人及其家人（而且還包括我們所有人！）來說，這項技能的養成非常重要——要能不干涉退伍軍人對「空間」的需求（並協助維護他們的安全），而對退伍軍人來說，則是要能傳達出自己的需求與感受，包括獨處的需求，但仍與家人保持聯繫。

他們的兒子南森奈爾衝進房間，梅莉莎高興地看著他，雷伊則因為梅莉莎表露對孩子的愛而感到開心。

梅莉莎告訴雷伊，當他越來越對自己敞開心扉時，是有多麼感動。她又說道，儘管發生許多難事，但正是這些時刻讓他們之間的親密關係不斷成長。

治療最後在鏡像模仿與趣味互動的開心社交活動中結束。

可以線上觀看上述治療的影片：

https://www.youtube.com/watch?v=bjeJC86RBgE

結語與討論

二〇一五年一月，前海軍陸戰隊員大衛・J・莫里斯（David J. Morris）在《紐約時報》上發表了一篇文章，標題是〈創傷後壓力症候群，更多創傷〉[30]（After PTSD, More Trauma）。在這篇文章中，他描述自己一九九八年從海軍陸戰隊退伍，然後二〇〇四年開始在伊拉克擔任記者，直到二〇〇七年差點被土製炸彈炸死。經過這個痛苦嚴峻的考驗，他到聖地牙哥退伍軍人事務部的診所尋求治療，使用的方法是延長暴露療法（PE），這是創傷後壓力症候群的「首選治療方法」之一。在這種形式的治療中，會要求患者一次又一次重溫戰爭經歷中最糟糕恐怖而懼怕的部分。透過對治療師重述創傷，患者理論上會「拋棄」他們對這些特定記憶的創傷反應。

莫里斯在治療中選擇處裡的，是二〇〇七年在巴格達（Baghdad）南部採訪時，遭受土製炸彈埋伏的倖存事件。「在治療的過程中，我的治療師要我重複敘述埋伏的故事多達十幾次。」莫里斯寫道。「我會閉上眼，讓自己回到陸軍第一師巡邏隊的悍馬車裡，回到我的防彈衣裡，回到土製炸彈的爆炸聲裡，回到讓我們永遠不得脫困、充滿煙霧的洞穴裡。

這是一種讓人不想重溫、耗盡心力的艱難場景。」隨著時間推移與故事的不斷重述，他希望自己最後能夠擺脫這種恐懼。然而，在經過一個月的治療後，他開始出現更嚴重的問題：「我覺得內心生病了，血液在血管裡發燙。本來就睡得不好，但後來更成了嚴重的失眠症患者。我連字都沒辦法讀，更不要說寫……就像身體是在與自己交戰一樣。」在莫里斯的治療師毫不理會他對延長暴露療法漸增的焦慮與擔憂後，莫里斯離開了，認為這種治療「危險且瘋狂」。

莫里斯還批評延長暴露療法只著重單一事件——他很有先見之明地指出，這相當於「快轉到動作電影的一個場景，並依此評斷整部電影。」這個簡短粗略的觀察，道出了延長暴露療法與其他宣洩療法的一個非常重要的觀點：這些戲劇性治療的運作隱含了一種信念，就是每一個創傷記憶都是一座孤島，是需要摘去、切除的特定「腫瘤」。這種將創傷記憶物體化的虛假看法，將記憶視為一種可以在反覆重溫後切除的東西，忽略了身心靈是一種有機的完形整體，應該要讓個人遭遇的一切整合起來，包括壓力與創傷，還有勝利、幸福與善良，也就是人一生完整的發展範圍。我正是覺得延長暴露類型的治療在這一點沒有做好。雖然這些療法無疑幫助了一些人，但也傷害了另一些人。顯然，有極大部分放棄這種治療的人，是像莫里斯這樣因為加劇的痛苦而選擇不再繼續。不過我們可以簡單了解一下疏泄療法與創傷的發展歷史。

疏泄療法（abreaction）源自德語 Abreagieren，指的是重溫一次經歷，以清除過度的情緒[31]。這種治療效果通常類比為「刺破膿瘡」。切開傷口釋放出「毒液」，讓傷口癒合起來。同樣，穿刺的過程很痛苦，重溫創傷也會讓患者感到折磨。依照這樣的類比方式，希望新切開的傷口能夠癒合。不過，很難避免再次感染，而且也可能發生如同莫里斯詳細記錄的那種狀況。雖然我與傑克還有雷伊一起使用的身體經驗創傷療法，在處理程序性記憶方面溫和許多，但沒有任何一種療法能夠萬無一失。儘管如此我可以說，緩慢而定量的過程能夠劃出較大的安全邊界，與延長暴露療法或其他宣洩療法相較，降低了再次創傷的可能性。我真心希望使用暴露療法的治療師，能夠使用這裡概述的一些工具，來指導並提升他們的治療工作。

佛洛伊德最終似乎也解釋道，與創傷相關的壓抑情緒可以光是透過談論的方式就能加以釋放；這種創傷情感的「釋放」，可以透過「聚焦於某個特定時刻或問題」來實現[32]。這種方法後來成為佛洛伊德（所謂的）歇斯底里轉化症狀治療的基礎[33]。到了第二次世界大戰時，會利用催眠與苯巴比妥（麻醉品疏泄）來引發強烈的情緒淨化釋放。然而，最後還是捨棄了這些方法，因為結果往往有害，或者至少效果短暫。有趣的是，一九四三年在聖地牙哥的巴博亞海軍醫院（Balboa Naval Hospital），有一名患者科幻作家L・羅恩・賀伯特（L. Ron Hubbar）後來創立了山達基教派（Scientology）。賀伯特宣稱，「清理」（透過山達基的技術來釋放消除創傷事件）是他在戰爭中受傷後，自己獨創的發現[34]。不意外的是，他從未提及一九四三年在聖地牙哥的海軍醫院接受的治療（相信必定是某種宣洩療法）。

在宣洩療法所謂的發展過程中，接下來看到的是約瑟夫・沃爾普（Joseph Wolpe）在一九五〇年[35]代引入的漸進式暴露療法。這種療法最初是為了治療簡單的恐懼症而設計，例如怕高、怕蛇，或怕昆蟲。在治療過程中，會多次把蜘蛛放在患者面前，或是要他想像有一隻蜘蛛，每一次都逐漸讓他更接近這個「可怕的物體」，直到衝擊「釋放」。賓州大學（the University of Pennsylvania）的艾德娜（Edna Foa）與其同事在一九八〇年代發展出延長暴露療法，是以沃爾普消除簡單恐懼症的原型療法為基礎建立。不過，在以治療創傷後壓力症候群與其他不同創傷為目標時，延長暴露療法呈現出一種非常複雜的現象，與處理簡單恐懼症極為不同。這種療法的前提是，在經歷像是土製炸彈埋伏、爆炸、飛機失事，以及性侵害等創傷事件後，倖存者能夠從事件中「過度學習」，允許創傷產生的恐懼決定他們日常生活中的行為。

我認為，將原本為簡單恐懼症所設計的療法，重新修改用於治療更為複雜的創傷，可能是對這些早期療法的誤用，讓人憂心。

雷伊的後記

我們有些人認為堅持會讓我們變強，但有時是放手才會變強。

——赫曼・赫塞（Hermann Hesse）

人只要存在，就幾乎不可能沒有悲痛。

——安東尼奧・波契亞（Antonio Porsche）

一定有一些人，我們可以坐在他們旁邊哭泣，但仍被當作戰士。

——艾德莉安・里奇（Adrienne Rich）

如果我們在雷伊身上看到，有許多其他創傷治療不像延長暴露療法那麼「暴力」，而且是以完全不同的方式運作。我在這裡所使用的身體經驗創傷療法，主要不是反覆透過「拋棄」過度學習的創傷結果，而是創造與那些衝擊的無助感相反的嶄新經驗[36][37]。雷伊的轉化不只是拋棄或理解自己的創傷反應與思考過程，而是完成（並因此「重新協商」）爆炸衝擊對身體的影響，接著「融化」並處理凍結的情緒，也就是那些深埋在心理與精神中的憤怒、悲傷與失落。

正如個案研究所顯示，要解決雷伊「卡住」的休克／封閉問題，需要逐步重溫（並完成）他對爆炸產生的定向與過度保護反應。這些先天的保護反應包括閃躲、彎曲與支撐。如果我們立即專注於處理他的內疚、憤怒與悲傷，最好的狀況可能是徒勞無功，而最糟的狀況可能會適得其反，加重休克反應並再次引發令人沮喪的妥瑞與近似癲癇的症狀。處理程序性與情緒記憶需要仔細監控並追蹤個人身體反應。這些反應包括手勢、臉部微表情（顯示出短暫的情緒狀態），以及姿勢調整，還有自主神經徵象，例如血流（透過膚色變化察覺的血管收縮與擴張）、心率（透過觀察頸動脈脈搏來辨識），以及呼吸自主變化。

第一次治療主要是進行一連串重要的觀察與投入。第一階段是注意到他移開視線避免與我相對，向下看著地板。這時，重要的是不要強迫或甚至邀請他與我視線接觸，這樣可能會導致進一步的痛苦，造成更大的封閉、休止與疏離。第二階段則是由我引導他逐漸了解身體的感官，但將經驗控制在不會造成衝擊的範圍。第三階段涉及鬆開神經肌肉收縮過於緊閉糾結的一連串動作，也就是眼睛、脖子與肩膀對爆炸產生的反應，造成連續收縮的狀況。這些收縮是身體嘗試先去定向，接著又要防禦兩次爆炸衝擊波的結果。這牽涉到身體所有屈肌的收縮，也許是從人類的樹棲先祖遺傳下來的反射：蜷縮成一個緊密的球狀，是靈長目動物寶寶無法避免從樹上掉下時保護自己的方式。對成人來說，這個動作還可以保護腹部不受攻擊。

第二階段與第三階段的轉換，是透過雷伊下顎肌肉的覺察練習與之後的眼球引導追視來進行。透過這些非常簡單的覺察練習，他幾乎立即感受到刺麻、溫暖、輕鬆呼吸與深度放鬆。接下來的四次治療都停留在第三階段。到了第四次治療時，驚嚇（「妥瑞」）反應幾乎消失，因此便可以開始接觸並處理內疚、憤怒、悲傷與失落相關的情緒記憶。最後的工作是在埃薩倫研究所的團體治療環境中完成。雷伊在小組成員的支持下，學會如何引導與控制他的憤怒。學習控制的經驗讓他能夠重新引導憤怒情緒，並轉化為力量與健康攻擊——也就是在生活中繼續前進所需要的能力與能量。最後，這種轉變為他打開一扇大門，通往悲傷與失落的柔軟情感，以及與他人情感連結的願望。

如果我透過聲音、煙霧與混亂（就像莫里斯在退伍軍人事務部接受的延長暴露療法）讓雷伊對土製炸彈爆炸事件進行宣洩，那只會強化並加重他的驚嚇反應，讓他更深層地禁錮在自己的身體裡。事實上，二〇一四年有一集《六十分鐘》新聞節目就報導過一群接受延長暴露療法的士兵。最後當問到一名士兵是否感覺好些了，很可能是不希望冒犯權威人物，所以他回答得有點模糊：「我覺得有吧。」然而，只要能看懂身體語言的人，很明顯可以看出他比之前更加痛苦，而且已經被推入更深層的封閉狀態。

如果在照顧並解決雷伊的整體驚嚇反應之前，就催促他嘗試處理自己的憤怒、內疚與悲傷，那麼這些強烈的情緒很可能會獲得加強，甚至導致再次受到創傷。因此，仔細規劃的處理步驟，重要核心應該事先減弱驚嚇反應，然後在團體的緊密接觸與支持下，逐漸幫助雷伊了解他的感受並與之和平共處。正是這樣的步驟讓雷伊得以將自己的依附關係與脆弱的情感，轉化到家人以及他接觸過的其他退伍軍人身上。這種擴展是他的新任務。謝謝你，雷伊，你真的是一名令人驕傲的海軍陸戰隊員，謝謝你過去與現在都這麼努力。

雷伊，令人驕傲的海軍陸戰隊員。這張照片攝於二〇〇五年，雷伊入伍時。

雷伊與梅莉莎分享照顧兒子的樂趣，南森奈爾沐浴在父母溫暖的愛護之中。

第七章

真實性陷阱與虛假記憶陷阱

想要討論過去，就必須立基於過去。

——多明尼哥・艾斯特拉達（Domenico Estrada）

回想第四章中，我與蘿拉在米森奎伊公園遭遇的驚嚇。我們把那些在竹林裡遊玩、不守規矩的孩子，誤認成不知名的潛行捕食者。也就是說，我們是演化偏誤的受害者，對於偽陽性非常敏感，即使是極不可能發生的危險，也會在一開始就察覺。但實際上，就像這裡所舉的例子，偽陽性評估的後果相對微小。也因為如此，我們天生就能覺察到危險，無論是真有可能或不太可能。

在預期危險時，我們總是會抱持著上述的偏誤，因此透過相關負面情緒的強度來衡量威脅的嚴重性，似乎就成了理所當然。最簡單的說法是，恐懼或憤怒的情緒越強烈，我們就越自然地相信自己對威脅的評估為真，也就是當成必須使用逃跑或戰鬥這種基本生存反應來面對的真正危險。換言之，我們將真實性與情緒強度畫上等號。我們的感受決定了我們的信念；我們的信念強化了我們的感受。這種正向回饋循環，也就是「真實性陷阱」，對於理解在治療中可能會產生虛假的「恢復記憶」來說特別重要。此外，我們的大腦有一種強烈的傾向，會「提供」在某種程度上能夠對我們「解釋」自身感覺的影像，因此讓這個陷阱更為強化與牢固。舉例來說，如果一個人在小時候接受過可怕的醫療處置，而現在正在宣洩恐懼與憤怒的強烈情緒，那麼他可能（錯誤地）將這種原本屬於身體上的侵犯視為酷刑或強暴。如果這股強烈情緒的洪流與治療師的解釋，或與團體集體在處理的受虐主題相結合，就會出現這種混亂狀況。個案可能會緊抓著這些主題建議，產生虛假的「閃回」（喚起更強烈的情緒），然後認為這種成像是確定的事實。由於我們在經驗到強烈情緒時，會較無法退一步從外圍進行觀察與評估，因此很容易陷入潛在的錯誤歸因。於是我們會越來越確定自己發生過這些事情，有時甚至會無視其合理性與可能性。

這些陷阱警告我們，這樣的錯誤歸因會導致治療變得有害並具破壞性。與我們充滿情緒的經驗相連結的影像和故事，不僅會讓我們容易產生錯誤的記憶，也會讓我們在生活中難以前進。當然，更不用說的是，我們也必須體認到兒童受虐的情況確實普遍存在，毫無疑問。然而，在治療中，記憶是否真實不應該是首要考量的問題。重要的是，我們必須認知到，個案被困在烙印在大腦與身體的印記中——這是一種主導他們情感、心情與行為的程序性與情緒記憶。因此，不管歸因是真實或誤解，我們都必須了解，他們的經驗所產生的影響與意義，具有真實性與價值。身為治療師與療癒者，我們有義務幫助個案釋放束縛在他們神經系統中的巨大生存能量——無論創傷的具體情況為何，好讓他們能夠進入更大的自由與平和的恩典中。

「真實性陷阱」

接下來是會說明常見的「真實性陷阱」與每天都可能發生的有害後果。回想上一次你與配偶或熟人發生激烈爭吵的痛苦心情，或是目睹別人在唇槍舌戰中拚得「你死我活」。做為公正的目擊者，從外圍觀察，可以很快察覺到隨著爭論的白熱化，每個人都變得更加堅守自己的立場，同時更加感受到他人觀點的威脅。這種不斷升級的激烈情緒螺旋讓雙方都相信自己正確無誤，而對方大錯特錯——他們的感受為真，因此對方的感受（或信念）是完全且危險的錯誤。正是這種相信自身信念是唯一真理的兩極化傾向，尤其是伴隨著高強度的情緒時，就成了義憤填膺的基礎本質。想要說明真實性效應，只需要打開廣播的談話性節目或政治類的電視頻道，左翼或右翼都可以。這些名嘴對著他們的唱詩班傳教，運用憤怒的力量推銷自己的政治商品。

讓我們來看一個完全不同的例子：在認知某種情況的真實性或某種信念的堅持度時，通常會與相關情緒的強度成正比。之前我們已經討論了害怕、恐懼、生氣或憤怒等問題情緒的動態，但這也同樣適用於強烈的積極情緒經驗，例如興奮或狂喜。的確，這可能是宗教狂熱的黑暗面——在經歷宗教狂喜時（通常是因為劇烈呼吸與運動的集體儀式而產生），人們可能會認為他們的共同信念絕對正確，也就是「真理」。結果，「信徒」很容易（尤其在深具魅力的領導者引導下）認為所有其他宗教（教派、團體等）在本質上是邪惡與存在的威脅。難道我們看到的還不夠多嗎？像是那些受到強烈狂熱情緒推動的邪惡十字軍東征與戰爭。

總之，重要的是要理解偽陽性偏差演化優勢的臨床意義，以及對於真實性的認知其實與強烈情緒密切相關。在治療的背景下，就如同宗教極端主義與演化生物學一樣，情緒越強烈，就越能證實我們信念的真實性。因此，我們經驗的任何影像、建議或信念，以及強烈的情緒，都會顯得真實，也就成為事實。「恢復記憶」療法涉及強烈的情緒宣洩，通常會導致同樣類型的升級。因此喚起的記憶混合物（也就是感官加上情緒再加上影像）通常會被認知為真正的事實，不論現實狀況如何。如果是一段可怕的恢復記憶，那麼當下的情緒狀態就會極度強化。在團體中其他成員表達出自己的害怕、恐懼與憤怒時，這種對認知真實的連結特別可能發生。我們也可能容易受到治療師及時提供的建議性暗示或引導性問題所影響[23]。此外，隨著更多影像與建議的出現，痛苦會變得更加嚴重。這種反覆的情緒升級反過來又會喚起更多看似「真實的」記憶。相關的感官與情緒越強烈，我們就越固著於（看似）記憶的真實性，而如果這種信念受到挑戰，我們也會變得更加防禦。這些歸因幾乎可看成是宗教信仰直接介入了治療決心與生活前進的動力。正因為如此，創傷記憶必須在一個相對冷靜、穩定與當下（此時此地）經驗的平台來處理。雖然說起來有些重複，但這些概念是創傷治療非常有效且不常被認知到的面向，因此再怎麼強調也不為過。

說了這麼多，還有一件必須承認與意識到的事實，就是性侵害的發生率高得驚人，且影響持久又具有深刻的危害。如今的美國，有超過三千九百萬的成年人（分佈於所有種族與社會經濟水準）曾在童年時期遭受性侵害。顯然這並不是單一罕見事件，而是一種非常令人困惑的背叛，必須在治療中獲得敏銳且充分的解決。要療癒這個神聖的傷口，最終會包含恢復歡愉與親密、喜悅的性行為能力[38]。

論記憶的操控

一九八九年，有人希望我見一下「布萊德」這位年輕人，他在接受「恢復記憶」治療師的治療後，患上嚴重憂鬱症。經過初步評估，治療師立刻下了診斷，認為他是儀式虐待的受害者。她是這麼對布萊德說：「我很抱歉必須得告訴你這一點，但你的症狀與我那些遭受儀式虐待的病人幾乎一模一樣。」在「診斷」之後的一年裡，布萊德參加了這位臨床醫師的團體治療。伴隨著劇烈的情緒疏泄，他恢復了許多與其他受到類似診斷的團體成員十分相似的「記憶」。

在我們的工作過程中，我向布萊德介紹身體覺察的概念，並教導他一些基礎的紮根與集中練習[39]。然後，我向他示範如何追蹤身體中出現的感官。透過這些發展技巧，加上安撫與保證我們不會進行記憶的挖掘後，便繼續探索他此時此地的身體感官。我們一起了解

㉓ 對催眠治療師（或催眠分析師）來說，通常都必須注意內在暗示因素。事實上，有時催眠會被定義成一種增強暗示的狀態。因此，這種療法需要大量的訓練與技巧，並慎重執行。

他的內感受世界中許多的細微差別。經過十五、二十分鐘的感官追蹤後，我帶著他注意到我發現他的下背部有著略為拱起的現象。在意識到這個新出現的姿勢調整時，他回報說自己因為下背拱起，產生了非常不安與恐懼的感覺。他說隨著骨盆自發性的縮回，生殖器也「變得麻痺」。事實上，如果此時向布萊德提出引導性的問題，便可能很容易會喚起「虛假記憶」。

相反的，這時我鼓勵布萊德先感覺自己的四肢（手腳），然後在這些外圍感官（對他來說感覺中性甚至紮根）與生殖器的不安感之間，來回轉移自己的注意力。這個過程給予他足夠的「距離」，讓他不至於被痛苦的感覺淹沒。在四肢的紮根感與不安的生殖器麻痺縮回之間來回轉移，增強了他對不適的耐受力，也提高了專注於自身感官的能力。

內省的來回轉移也讓伴隨著拱起與縮回的感官擴展開來。突然，清晰的影像出現：布萊德的母親尷尬而笨拙地從他的陰莖上粗魯扯下繃帶。然後他回憶起自己在十二歲時進行了必要的包皮手術，術後母親草率地幫他穿衣與清理傷口。的確，我們無法完全確認這就是導致他憂鬱的實際事件，但我不會質疑這個影像，反而會把這個新的影像與下背拱起的行為結合起來。

我鼓勵布萊德不要抑制保護性的縮回動作，並將自己的注意力轉移到這個動作與母親憤怒而尷尬的強烈表情之間。縮回的動作持續累積，直到下背完全拱起後結束。然後布萊德感到一波強烈的釋放與解脫。伴隨著顫慄的身軀與一次稍嫌不穩的深沉吸氣，接著是完全的自發性吐氣。他終於能夠保護自己——既不再受到母親粗魯的對待，也不再被前任治療師深度的失準與錯誤引導操控。這次，不像之前重複在團體中經歷暴力的疏泄，一滴淚水表達了他的悲傷、憤怒與解脫。他現在能夠將自己的「身體記憶」與連貫的敘述重新連結起來，並能夠與他人分享。最終，他還能夠與一名公職人員談及這個故事，並在一次正當的報復行動中（完成了更進一步的自我保護），在醫療事故的聽證會上陳述證詞，於是治療師的執照因此被吊銷。

簡單回到虛假記憶擁有的力量，即使能夠被事實證明錯誤，卻仍被相信是真實。在此我們來看一個特別邪惡的例子，就是故意植入虛假記憶：警察會在審問嫌疑人時，使用（濫用）具有攻擊性的高強度壓力與灌輸極度的恐懼，以便故意在嫌疑人的故事中注入一些他們明知是錯誤（或至少是不一致）的元素。然後，在嫌疑人稍後接受審問時，他有時會說成審問者的版本，並相信故事為真，相信是自己的版本。

在許多情況下，明顯的虛假記憶在嫌疑人心中根深蒂固，以至於檢察官會利用這些不一致來對付他們，造成許多案例的誤判。神奇的是，這些無辜者當中有很大一部分的人開始相信自己有罪。他們新植入的虛假記憶可能會持續一生，儘管一些無辜的罪犯確實意識到自己被騙了——但不幸的是為時已晚，這時只有DNA證據或證人撤回證詞才能確實證明他們的無辜[24]。

警方令人震驚的惡意審問方式，是故意植入虛假記憶的明顯範例。然而，正如之前所說，像布萊德這種強力而持久的虛假記憶，也可能被治療師用最微弱的暗示無意間植入。有時看似無害的暗示會包裝成善意的詢問傳達出去——例如：「你能告訴我一些你與父親之間的關係狀態嗎？」——而這時這名個案可能正在經驗與某種暴力相關的感覺。這類治療失誤最有可能發生在個案處於高度喚起狀態時，尤其是在經驗強烈（「不受控制／毫無限制」）程度的害怕／恐懼或生氣／憤怒。

容易產生虛假記憶，在很大的程度上，也是因為人們在痛苦的狀態下，常常迫切需要向自己解釋，為何會感受到這些讓人深度困擾的感官與情緒。這種「解釋強迫症」來自於我們與生存相關的必要需求，在我們的記憶庫中搜尋任何更重要的資訊，能夠提供相關運動策略（也就是之前成功的程序性記憶印記），以便增強當前的生存機會。

然而，在治療中，個案的痛苦狀態需要一個解決方案，緩解他們感覺受到威脅的經驗。這種熱門的解決方案，同樣促使個案梳理自己的記憶庫，尋找任何之前成功的策略，以便消除類似的威脅結構。這種深具說服力的「搜尋引擎」會攫取任何可能與他們目前經驗相容的感官、影像或行為（軀體標記與印記）。如前所述，這種生物驅力是用來攫取能夠調解當前苦痛（感受到的威脅）的成功策略。然而，在缺乏清晰的防禦與保護行動下，這些軀體標記會反覆啟動。喚起狀態並未透過有效行動消退，反而是在不斷啟動升級的自我強化正向回饋循環中，感官與影像一再重新啟動越來越強烈的痛苦，就像麥克風朝著揚聲器會產生刺耳的回授噪聲一樣（參見圖5.1）。如果沒有了解狀況的治療師來引導，這種重複的過程會持續下去，直到個案陷入痛苦、憤怒、恐懼、無措與絕望的強化循環。因為沒有出口（缺乏有效的行動），他們會被無止盡一再重溫的創傷所吞噬。

㉔ 參見電視劇《矯正人生》（*Rectify*）（日舞電視頻道），了解如何縝密地處理這種混亂狀態。

走出創傷的黑洞

如第五章與第六章所述，引導個案從創傷漩渦中走出，遠離這種破壞性的「解釋強迫症」，第一步就是要將當前的啟動狀態降低到明顯痛苦較低的程度。第二步則是處理他們的感官，好讓個案能夠接觸他們不完整的感覺運動反應，並開始經驗並完成以內感受為基礎的行動與感官。這兩個要素——相對的平靜與具體行動——打斷正向回饋循環及其負向再次受創的結果。再次重申，當我們能夠退一步觀察，並降低我們感官與情緒的強度時，就也擁有選擇與修改生存反應本身的可能性。

身體經驗創傷療法透過定量與共同喚起支持與增強的內感受經驗，「反增強」（削弱）令人不安並與創傷連結的內隱與程序性記憶。治療師與個案一起減少與調節極端的喚起狀態，促進生物防禦反應的完成。在治療師創造的環境中充滿安全與支持，個案能夠透過想像與精微的（內在）動作，完成受挫的防禦反應。這通常會伴隨著自主神經放電，以發熱、輕微顫抖、流淚與其他自發性動作的形式呈現。一旦生物性的本體覺經驗完成，記憶就會失去原本強烈的電荷（反增強）。這些記憶現在會像普通的記憶一樣融入海馬迴（自傳式）

時間線（參見圖7.1）。

接下來我們要探索的是，布萊德在接受恢復記憶療法期間，受到有害的回饋循環束縛，需要怎樣的引導才能打破。這裡的討論會包含簡單摘要出布萊德痛苦循環「重新協商」的主要特徵。在我們的治療中，布萊德與我能夠以一種更平靜、集中與漸進的方式進行工作，讓他能夠與這些揮之不去、深感不安的「記憶」和平共處。值得注意的是，甚至在「恢復記憶」的團體經驗之前，布萊德就明顯患有憂鬱症。這是他求醫的最初動力。然而，在接受「恢復記憶」治療的這一

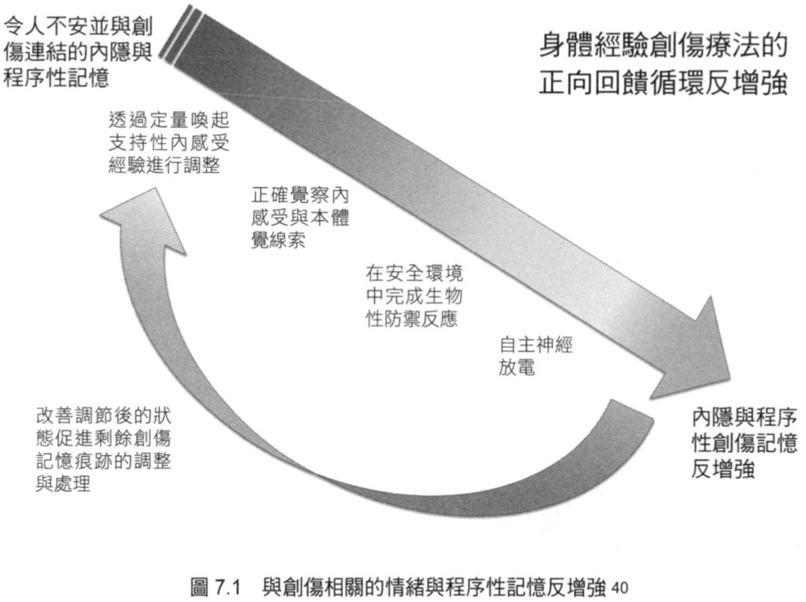

身體經驗創傷療法的
正向回饋循環反增強
令人不安並與創傷連結的內隱與程序性記憶
透過定量喚起支持性內感受經驗進行調整
正確覺察內感受與本體覺線索
在安全環境中完成生物性防禦反應
自主神經放電
內隱與程序性創傷記憶反增強
改善調節後的狀態促進剩餘創傷記憶痕跡的調整與處理

圖 7.1　與創傷相關的情緒與程序性記憶反增強 40

年中，他的憂鬱症變得更嚴重，連短暫的緩解時期都沒有。

布萊德能夠獲得新的改善，第一步是讓他先充分熟悉此時此地的身體感官，並抑制自己馬上斷定創傷根源的衝動。一開始聚焦在自己的身體，並關閉恐懼／喚起狀態，讓他接下來能夠開始逐步探索自己深層的不安感官，而不會像他在接受「恢復記憶」治療時那樣被淹沒並吸入創傷的黑洞。透過這種方式，他當下的內感受覺察（對於自己的軀體標記）讓他能夠發現新的具體行動，然後可以有效地進行工作（參見圖7.1）。回想一下，隨著他覺察到自己的骨盆與生殖器回縮，布萊德開始體驗到某種能動性，能夠對抗母親處理自己包皮傷口時那種尷尬與痛苦。無論記憶是來自母親粗魯而不細心的對待，或是其他形式的性侵害，都可能體驗到這種與身體相關的力量。還是要說，正視他此時此地經驗的穩定，讓他能夠回到埋在這些不安感官與影像底下的程序性記憶，並發現需要完成的保護動作，以便從痛苦沮喪變得充滿力量。這是我之前在第四章討論過有關「重新協商」的一個明顯例子。

不合時宜的懺悔

我必須承認，我曾經犯過大錯，胡亂對他人植入虛假記憶。我個人第一次見到操控記憶是在我十歲左右的時候。那時我看了一場魔術表演，不僅被機關所吸引，也被魔術師令人驚嘆的催眠技巧所折服。我很想知道他是如何讓一名女性進入「出神狀態」，並指揮她做出各種各樣的事情，包括親吻魔術師的臉頰，還有像小雞一樣咯咯叫。所以當然，到我下一次生日時，就要了一套魔術道具組當禮物。沒過幾天，我們的保母蜜雪兒來照顧我們幾個兄弟的時候，我決定練習一下自己的新技能。我開始像之前看到的魔術師那樣「催眠」她。我給了蜜雪兒「催眠後暗示」，讓她像小雞一樣咯咯叫，然後脫掉衣服。我從十到數回零，提示她可以睜開眼睛。她一臉困惑地環顧四周，而我們則告訴她，剛剛她做了些匪夷所思的行為。她看起來非常尷尬，不過也還是有可能在假裝，只是想讓我們開心。但不幸的是，我現在覺得並非如此。很明顯我與我的兄弟真的植入了令人尷尬的虛假記憶，讓她感覺懊惱無比。

無論如何，伊莉莎白・洛夫圖斯與其同僚（在第一章曾提到）的研究顯示，虛假記憶以及「虛假的創傷記憶」，都可以透過許多不同的暗示技巧來完成植入，難度其實不高。雖然治療師需要對產生虛假記憶的可能性保持警惕，不過洛夫圖斯似乎對創傷中程序記憶的關鍵特質與重要性（還有固定性）不太了解。也許她也並不完全明瞭記憶恆常流動的本質對治療的意義，在人的一生中一次又一次地重寫，因為記憶在本質上是朝著更遠大的力量與和平發展。真正的問題是：記憶究竟是為了什麼目的、由誰來進行重寫？

第八章

記憶分子

重新鞏固：記憶的煉金術

大腦的功能是從過去中進行挑選，然後減少、簡化，而非保存。

——亨利・柏格森（Henri Bergson），《當下的記憶與錯誤的認知》（*Le souvenir du présent et la fausse reconnaissance*）（一九〇八）

一九五〇年代，著名的實驗心理學家唐納・赫布（Donald O. Hebb）試圖描述記憶的神經機制，可用一句為人熟知的代表性順口溜來說：「共同放電的細胞，就是共同連結的細胞。」[25]每一個記憶都是源自大腦細胞之間連結的改變。為了讓記憶存在，原本獨立的細胞必須對其他細胞的活動更加敏感。赫布提出，這種同步發生時，神經元透過化學介導的突觸（突觸間隙），將電磁場傳遞到下一個相鄰神經元的樹突（受體），以便讓溝通更加容易[41]。

從一九七〇年代開始，研究進一步闡明了突觸傳遞的分子機制，最著名的就是艾瑞克・

肯德爾（Eric Kandel）獲得諾貝爾獎的研究。在對低等海蝸牛（海兔）的簡單「巨型」神經細胞進行研究時，他發現可以透過幾種訓練方法來調整蝸牛的反射。這種學習涉及神經細胞之間溝通方式的變化。

㉕ 這句順口溜是卡拉．沙茨（Carla Shatz）在一九九二年編寫而成。

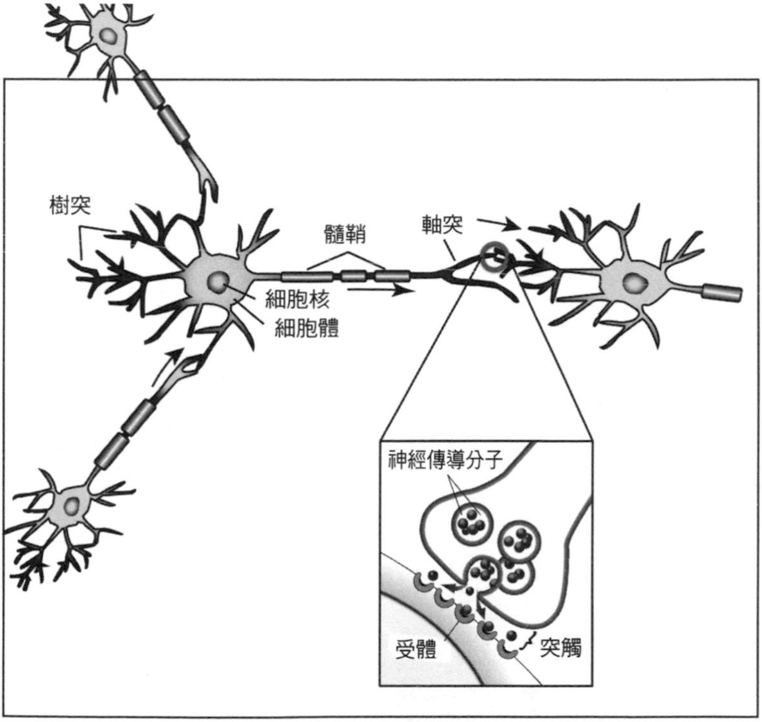

圖 8.1　基本突觸

肯德爾研究了蝸牛神經元的短期與長期記憶。透過這項研究，他逐步揭開短期印象（「致敏化」）變成長期記憶痕跡（「增益」）中間所發生的謎團。他發現短期促進涉及細胞間突觸傳導性的短暫變化，但缺乏可辨認的解剖學變化。另一方面，長期記憶牽涉到新的突觸連結生長造成持久的功能性與結構性變化。這些變化包括在下一個神經元的（突觸後）樹突加上新的受體。此外還導致神經細胞用來溝通的神經傳導物質增加釋放。神經元甚至沿著軸突的長度長出新的離子傳導通道。這些新通道讓神經元產生更多電壓，進而增加傳導速度，並讓更多神經傳導物質釋放到突觸間隙。總而言之，所有這些解剖學與功能性的變化，都會導致長期增益，也就是長期記憶儲存。這些變化構成了所謂的記憶鞏固階段[42]。

在肯德爾這項開創性研究大約四十年後，年輕的博士後研究生卡里姆・納德（Karim Nader）在約瑟夫・勒杜（Joseph LeDoux，這位著名學者創造了「情緒大腦」一詞）的神經生物學實驗室工作，並採取不同的角度研究記憶。他不僅專注於研究記憶形成的過程，也特別注意記憶創建後要進行存取時會發生什麼（也就是「記住」）。納德從之前的研究了解到，建立記憶需要特定的蛋白質。他想知道長期記憶之後被存取並記住時，是否也會產生類似的蛋白質。為了檢驗這個假設，他暫時阻斷實驗室老鼠活體大腦中記憶鞏固蛋白質的合成，看看是否會造成記憶的改變。

勒杜對他學生的研究表示高度懷疑，認為即使納德在回憶過程中阻斷了老鼠的蛋白質合成，原始迴路仍會保持完整；因此，記憶也會同樣保持完整。他進一步推論，如果納德能夠透過在回憶過程中阻斷蛋白質合成來誘發「失憶症」，那麼頂多也只是暫時的失憶症。一旦不再阻斷蛋白質合成，記憶就會恢復，因為原本的解剖結構與生化變化（在長期增益過程中形成）仍會保持完整。

在一項革命性的實驗中，納德讓一些老鼠學會將特定的（中性）聲音與隨後的痛苦電擊連結起來。在強化這種恐懼條件幾週後，納德將老鼠暴露在聲音中，但隨後沒有進行電擊。老鼠仍然因為害怕電擊而凍結，表現出納德在他們身上訓練出的生理喚起反應。就這件事來說，這種「普通的」巴夫洛夫條件反射（Pavlovian conditioning）並不令人驚訝。但在將特定化學物質直接注射到老鼠的杏仁核（「情緒」大腦的恐懼中心）[43]後，納德再次重複了條件刺激（只有暴露聲音）。不論是納德或是他沉穩的導師，都無法相信這次播放聲音後發生的事。用納德的話來說：「恐懼記憶消失了；老鼠把一切都忘記了。」勒杜（與肯德爾）強調的記憶範例，是與固定解剖結構與靜態生物化學相關，但都被納德明確提出回憶過程中記憶可變的重新創造所推翻。與勒杜尷尬的預測相反，在蛋白質注射效果消退很久以後，被斷開的聲音與恐懼相關連結反應還是穩定地沒有恢復。納德確實完全並永久地消除了這個恐懼記憶！

納德獲得顯著成果的關鍵，在於注射蛋白質抑制劑與喚起記憶之間精確協調的時機。此外，老鼠忘記的只有特定的記憶（特定的聲音），也就是牠們在蛋白質抑制劑「影響」期間被迫記住的事情。與其他聲音連結起來的恐懼不受影響，其他不相關的記憶也是。被擦去的記憶的確只針對那個特定聲音。簡而言之，如果在產生記憶的過程中不能產生新的蛋白質，那麼原來的記憶就不會存在！

納德突破性的研究顯示一件令人震驚的事實：記憶並不像以前假設的那樣在形成後便一直維持原樣。相反的，記憶形成後，在接下來每一次被存取（也就是被記住）時，都會再次重建。二〇一二年一篇與納德研究相關的文章中，喬納・雷爾（Jonah Lehrer）寫道：「每次我們反思過去，就會微妙地改變記憶在大腦中的細胞表徵，改變記憶的底層神經迴路。」[44] 納德的導師勒杜在接受新的發現後，也謙虛地提出適當的聲明：「大腦對於擁有一組與過去相關的完美記憶不怎麼感興趣……相反的，記憶具有自然的更新機制，讓我們確保占據大腦內寶貴空間的是有用的資訊。雖然可能會讓我們的記憶不太準確，但確實能夠讓記憶與現在和未來更為相關（也就是讓記憶具有適應性）。」45

這條刺激的研究路線精華重點在於：回憶這個行為的目的，是為了讓記憶能夠得到基於新資訊進行更新的分子機會。也就是說，這不僅是過去如何持續存在於現在的本質，也是現在如何具有潛力來改變過去（原貌）的本質。透過改變我們當下的感官與影像，接觸到的記憶會變得更加強大。第五章中的佩德羅、第六章中的小傑克與雷伊，以及第七章中的布萊德，都清楚地證明了這一點。丹麥哲學家索倫・齊克果（Søren Kierkegaard）說：「即使是神也無法改變過去。」但他可能錯了。

而一九〇八年的亨利・柏格森（Henri Bergson）則是說對了：「大腦的功能是從過去中進行挑選，然後減少、簡化，而非保存。」也就是更新。核心問題變成了如何運用自然主義療法幫助人們改變自己的記憶並與之和平共處。

總之，記憶消除的藥理學關鍵因素，在於蛋白質抑制藥物給予的精確時機，並同時喚起特定記憶。似乎這個時間間隔也正好是那個特定記憶容易受到自然主義、身體與行為干預的執行，而被改變、轉化與從中學習的時候。在這些非藥物的方法中，記憶不是被恢復或刪除，而是逐漸受到誘導，依次重新接觸、重新處理、更新與從中學習。這種自然主義的記憶「煉金術」，可能利用了我們之前所看到，與記憶消除藥物相同的生物時機。然而，其結果與記憶消除藥物形成了鮮明對比，藥物可能會在記憶的結構中造成裂隙或漏洞。這種記憶的抽除最終可能會削弱連貫敘事與統一自我意識的編織結構。

另一方面，自然主義模式中，在上述關於回憶與重新鞏固的關鍵時期，內在力量，還有以重新處理過的程序性記憶（在原始創傷作用時被淹沒或缺失）形式呈現的能力，都受到接觸、體現、重振，並允許充分地完成與表達自己。事實上，這不正是我們在第五、六章中，與佩德羅、小傑克和雷伊一起見證的過程嗎？對佩德羅來說，這是他第一次覺察到自己手中的力量，握拳得到力量，張開向外探索與接受。當受到適當啟動、支持與排序時，這種固有的動態資源往往就會浮現——這是記憶消除療法與許多形式的創傷治療常忽視的重要因素。

當我們能夠從充滿力量的狀態「回顧」創傷記憶時，回憶就會被更新，彷彿這種能動性在最初創傷發生時就能作用且功能完整。這種重新鞏固的新經驗接著變成更新了的新記憶，是由（充滿力量的）當下身體經驗深度改變了（過去的）記憶。這些新出現的資源成為過去與現在的橋樑——「記憶中的當下」。這種記憶更新不會抹滅特定創傷事件的確曾經發生的事實，而且創傷的確造成嚴重的傷害，其中的悲傷與憤怒也可能是恢復全然自尊自重的重要組成部分。在這個立基於當下自我關懷能力的平台上，記憶可以逐漸被軟化、重塑，並重新編織到自我認同的結構中。這讓人想起日本修復破損瓷器的古老傳統技藝，使用金線將碎片重新結合起來。修復處理讓碎片轉化成精美的藝術，就像治癒創傷的傷口帶來潮起潮落的自然世界，力量、和諧、自我關懷與自尊自重得以恢復。還有什麼比這更美麗、更有價值呢？

圖 8.2　使用日本金繼工藝修復的碗

時機的治療意義：摘要總結

1. 對於影響結果或改變影響來說，喚起記憶的時機非常重要。
2. 對於讓個案反覆重溫創傷的療法（例如延長暴露療法與危機事件減壓會談），會創造出個案在回憶創傷事件期間喚起恐懼或痛苦身體狀態的條件，痛苦的記憶會重新鞏固，並很可能加深加強，因而讓人再次受到創傷。
3. 在治療的環境中提起創傷記憶時，就會產生時間的決策樹。在直接處理創傷記憶之前，個案必須充分紮根、調節並獲得力量，才會帶來矯正的經驗（期望的結果）。在確保這種穩定之後，能否成功喚起矯正反應，取決於程序性記憶回想的時機與節奏。此外，治療師在整段治療中持續負責啟動個案，並幫助他們吸收相關情緒，依舊十分重要。
4. 要記住的是，回想記憶的適應性功能，是帶入新的相關資訊來更新記憶，並提升更能積極面對未來挑戰的反應與生存能力。就創傷記憶而言，大部分屬於程序性與情緒記憶，因此創造正向更新記憶的關鍵，在於透過經驗將原始情況下被淹沒的反應與導致的自我保護失敗，吸收轉化成有效的生存動作反應。換句話說，在回憶的關鍵時期，會產生一個機會，不是消除記憶，而是防止記憶以原本適應不良的形式重新鞏固。這是透過帶入充滿力量嶄新身體經驗達成，如同佩德羅、小傑克與海軍陸戰隊員雷伊的案例所證。重新鞏固是能將創傷失敗轉化成具體成功的重要機會。這是自然主義療法有效轉化創傷記憶的本質。

以下的例子說明了記憶的及時更新如何實現演化的適應性指令，不斷提升我們的能力，以便智取捕食者或避開未來會威脅到生命的狀況。BBC國家地理頻道一部引人入勝的自然影片展示了這樣的畫面：一頭獅子在追趕三隻小獵豹。小獵豹千鈞一髮爬上樹逃過死劫，耐心地警戒著等待獅子離開領地。然後牠們一一爬下來，像剛剛獅子那樣輪流互相追逐。然而，在這段遊戲期間，觀眾震驚地看到小獵豹嘗試多種策略與組合，演練如何成功逃脫。透過這種方式，牠們不僅在當下的特定場合以特定方式逃脫，還提升了自己的表現，好在未來遇到捕食者／獵物時，能有更高的逃脫機會。

同樣，一名受到性侵的女性，光是反覆經歷當初的恐懼與無助，也學不到什麼。然而，在建立了主動性經驗後，便學會認識在最初的創傷遭遇中，她可能錯過或漏失哪些原本能夠掌握的訊號與逃脫機會。此外，還可以引導她與各種充滿力量的本能反應重新連結，在此時此地發揮出來，以便消除揮之不去的恐懼、絕望與不知所措。她現在不再是受害者，而是一名充滿力量的倖存者。

有人指出，如果一名女性雙手往外推並自信地大喊：「停住！」——標示出強而有力的清楚邊界，性侵犯承認的確更可能放過她。在一項現在已成為經典的研究中，研究人員要求已定罪的暴力犯觀看一段行人來往於紐約市繁忙街頭的影片。只看了幾秒鐘，這些罪犯就可以指出他們想要盯上的目標。更令人不安的是，這些罪犯對於他們的潛在受害者有著同樣挑選標準，而體型、性別、種族或年齡似乎並不重要。雖然這些罪犯並未意識到，究竟是什麼讓他們選擇特定的某些人做為目標，而不挑其他人，但研究人員能夠識別出幾項非語言訊號，傳達了這些行人有多容易被制伏，包括姿勢、步幅長度、步行速度與環境覺察力。查克・哈斯邁爾（Chuck Hustmyre）與傑伊・迪希特（Jay Dixit）在二〇〇九年的研究文章中寫道：「其中一項主要促發因素在於步行方式缺乏『協調同步性』與『整體性』。」犯罪者會注意到那些行走時動作不協調、不流暢的人。他們認為這樣的人比較不自信——也許因為他們走路的姿勢看起來不太健康（更可能受到創傷），同時更可能被欺負利用[46]。

回來討論剛剛才獲得力量的性侵倖存者（如前所提），我們發現關鍵的重點在於不能凍結、解離與失去定向。因此，透過內感受覺察的體現來解決創傷問題，並完成未解決的（也就是受挫的）防禦程序性記憶，便能夠恢復重要的自我保護動力、此時此地的定向與一致性，以及流動的自信（與表達）。我們可以好好思索小獵豹逃脫捕食的擴展策略，與性侵倖存者增強的自信保護之間，有何相似之處。

記憶回想的類型與臨床意義

重溫

有一些治療，像是危機事件減壓會談（CID）或延長暴露療法，鼓勵重溫創傷事件，認為這樣可以讓患者面對該事件相關情緒時「減低敏感度」。然而，關於CID的大量研究顯示，在創傷事件發生後，直接實施這種療法，如果激起個案的情緒，事實上會強化創傷，並可能導致痛苦延長與再次創傷[47,48]。這種類型的重複暴露會導致重溫與反覆的強迫性行為[49]，也就是創造了一種習慣性循環，建立在一種過度喚起（腎上腺素）與／或解離（鴉片類藥物）神經化學物質的成癮性重複刺激之上。

記憶消除

這個過程涉及透過化學抑制蛋白質合成，阻斷重新鞏固階段，以消除記憶。可能會導致個人情感記憶結構中出現空白或裂隙。因此，有可能會喪失通常由個人的相關情緒與程序性記憶提供的情境定向。記憶消除限制了創造嶄新反應與連貫敘事的可能性，這是將個人身分與能動性的各種元素凝聚起來的重要結構。記憶消除後，剩下存在的可能是無意識程序性記憶的未知觸發因素，執著地駐紮在個案的身體心靈中，造成持續的痛苦與多變的創傷症狀。

重新協商（自然主義療法）[50]

當個人因為創傷記憶的困擾求取治療時，他們不是處於啟動（過度喚起）狀態，就是感到封閉與無助（喚起不足）。（參見圖5.2）

治療師認知到這種記憶回想，詢問個案是否願意將記憶「擱置」一段時間，邀請他們專注於當下（此時此地）與身體相關的感官。啟動或封閉會因此減少，部分調節恢復。然後，透過這個平台，記憶被帶回眼前，重新認識並接觸，但個案並不會因此不知所措。

當下的新經驗增強了抑制、平靜與能力，個案受到仔細而逐步的引導，一次只重新認識一段記憶經驗（定量）。每次接觸（「重新認識」）記憶後，喚起狀態都會進一步正常化，反應能力也會提高增強。

仔細規劃處理過的身體經驗，與最初的經驗相結合，更新升級後形成「新的」程序性記憶。新記憶現在受到重新鞏固，無法負荷又無助的舊記憶在「分子層面上」被充滿力量的更新版本所「取代」[26]。

在新的程序性與情緒記憶形成後，憑藉其中的能動性與能力，個案便能接受引導，定向在此時此地，並透過眼神接觸，經由治療師帶領，逐漸投入治療。記憶的各種元素受到探索與分享。情緒、情節與陳述性記憶整合成連貫的敘事。（參見圖8.3）這個過程加強了個案自我反

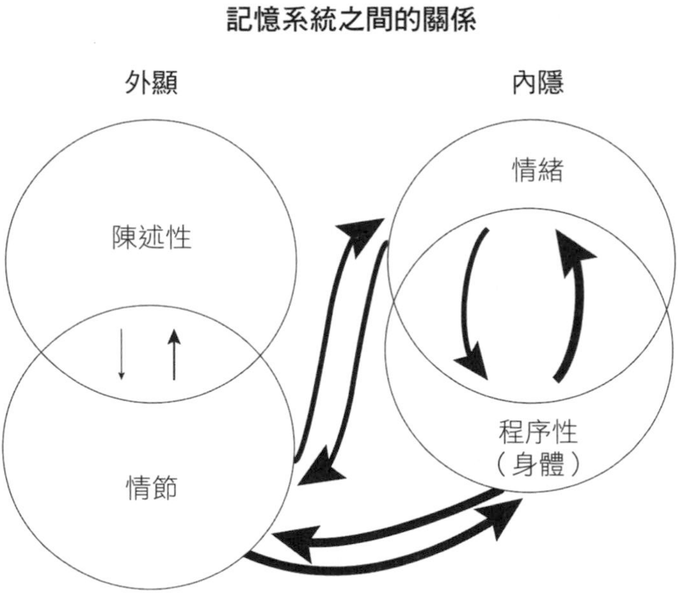

圖 8.3　記憶系統整合

省與自我關懷的能力。

自然主義轉化過程中潛在的動力，正如 aMCC 刺激研究的結果所示（參見第五章），是我們嚮往達成完滿與擁有才能的強大驅力，在演化層面對成功與持續的激發與渴望。

過去、現在與未來，記憶的可變性

在過去的幾十年中，我們看到了危機事件減壓會談與延長暴露療法的廣泛應用，但存在著明顯的禁忌與併發症。雖然修改記憶的自然主義療法現在已成為一種可行的替代方案，但需要仔細並專門訓練過的臨床醫師才能獲得有效結果，同時必須透過進一步研究的驗證，

㉖ 一些令人興奮的動物研究，提出形成新的正向記憶具有效力的證據。在一項研究中，研究人員證明，人為刺激正向記憶可以讓老鼠（本研究中為雌鼠）擺脫類憂鬱行為。在這項最近的研究中，在標記儲存正向記憶的大腦細胞後，讓老鼠接受壓力，再重新啟動。老鼠不像刺激正向記憶之前那樣變得憂鬱，僅僅啟動正向記憶幾分鐘，便能夠消除憂鬱症狀。（Steve Ramirez, Xu Liu, Christopher J. MacDonald, Anthony Moffa, Joanne Zhou, Roger L. Redondo, and Susumu Tonegawa, "Activating Positive Memory Engrams Suppresses Depression-like Behavior," Nature 522 (June 2015) 335 – 339. doi:10.1038/nature14514.)

才能視為有憑有據的照護標準。透過化學藥物得到「臨時應急」修復可能的記憶消除療法，是大型製藥公司與「硬科學」所提倡的誘人手段。現在讓我們看看這種未來的治療可能包括什麼內容。

記憶消除——傻瓜的愚蠢行為？

純潔無瑕的護火貞女，命運如此幸福！
遺忘世界，世界遺忘，
心靈一塵不染，散發永恆陽光！

——亞歷山大・波普（Alexander Pope）

健忘的人有福了：因為他們甚至能夠戰勝自己的錯誤。

——弗德里希・尼采（Friedrich Nietzsche）

那些不記得過去的人注定要重蹈覆轍。

——喬治・桑塔亞納（George Santayana）

我們生活在一個極有可能消除創傷與其他痛苦記憶的時代[51]。然而，正如接下來所見，「記憶消除」在這個分子記憶藥物的美麗新世界，充滿了陷阱圈套、潛伏根結與水下逆流。這是個尚無人踏足的世界，滿是未知的風險與意想不到的結果。這些問題中最重要的是，即使分子介入（實驗性地）消除了記憶，記憶印記似乎也已經找到進入大腦幾個不同部分的管道——大腦這個變化多端的迷宮，每個角落都隱藏著記憶的部分片段[52]。我們（接下來）會看到，可能造成最大問題的，正是這些隱藏起來的記憶印記。

現在來探討一些與記憶消除相關的固有問題與嚴重的道德兩難，正如二〇〇四年具有先見之明的電影《王牌冤家》中所描繪的內容。影片開頭是兩位主角喬爾與克蕾婷，分別由金凱瑞與凱特溫絲蕾飾演，正在等待同一班開往長島蒙托克的火車。除了他們倆，月台上空無一人。他們瞬間注意到彼此，並好奇地互相吸引，也許就像我在紐約地下鐵上無意識地被小學時的朋友阿諾吸引一樣（儘管沒有電影中的矛盾心理）。

兩名「陌生人」從兩端進入同一節車廂。他們保持警惕的距離坐下，偷偷看著對方，展開一場趨近與迴避的舞蹈。克蕾婷突然從車廂的另一端發出談話邀請（趨近）。喬爾猶豫地回應：「妳在跟我說話嗎？」遭到了嘲笑「還會是誰？」（迴避）。克蕾婷持續挑起話頭，往喬爾的位子越走越近（趨近）。而極度害羞的喬爾試圖逃避她朝自己走來（迴避），但又不由自主地持續對話（趨近）。兩人之間奇特的吸引力呈現出一種矛盾的競賽形式，他們輪流扮演著追逐者與疏遠者。從我們的角度看來，似乎這兩人是事前商議好決鬥的規則，現在只是在扮演熟悉的角色，就好像是在唸出雙方都沒有意識到的劇本台詞——我們很快就會發現，這是一個基於他們對彼此的程序性記憶所寫的劇本。

觀眾一開始並不知道，或電影中的兩位主角沒有明確理解的是，他們其實相當了解彼此且十分親密！我們發現他們之前曾無可救藥地陷入一段痛苦的戀情，結局相當悲慘。兩個人都在關係結束時受到曲折的痛苦折磨，以至於分別前往名副其實的忘情診所[27]，求助於可算是充滿善意的霍華德博士（湯姆・威金森飾演），希望消除這段記憶。在神經科診所中，醫師要求克蕾婷與喬爾（兩人都不知道對方也來求診）帶上所有的回憶，包括相片、禮物與紀念品，還有這對前任戀人對另一方擁有的任何其他想念。在他們逐一檢視這些情緒紀念物時，電腦會增強他們的腦波，並繪製出與該項情緒記憶相關的電氣活動軌跡。之後消除記憶的技術人員會使用這張地圖，朝著大腦的特定部位發射電磁脈衝，而他們則毫無所覺地睡在床上。這個過程顯然永久地「消除」了痛苦的記憶。診所的助理瑪莉，對於期望的結果是這麼總結：「這項治療讓人們重新開始，不用面對悲傷與恐懼的混亂。」霍華德博士補充道：「雖然大腦細胞的確會被破壞，但實際上不會比酗酒一整夜更糟糕。」

在電影結尾的倒敘片段中，我們了解到克蕾婷與喬爾在火車上相遇的第一個場景，按照實際時間順序，事實上是發生在電影情節接近結尾的地方。我們這些觀眾逐漸清楚地了解到，儘管兩位主角消除了自己痛苦的回憶，但他們仍保有某種「致命的吸引力」，一種將「熟悉的陌生人」吸引在一起的磁力——雖然他們對這種熟悉的感覺沒有意識與覺察。

在記憶消除的沉睡過程中，正在做夢的喬爾有一瞬間意識到自己可能犯了大錯。不知為何，決定將注意力集中在蒙托克這個詞上，因為這是他與克蕾婷在分別受邀參加聚會後

㉗ 情診所的原文 Lacuna，定義是缺失的空白、裂隙，或者諷刺的說，還有休息之意。

最初相遇的地方。兩位主角都不是有意識地回憶起這個潛在的觸發詞，但他們都在難以言述的潛意識中神祕地連結在一起。喬爾顯然不記得他們之前曾經在一起，他在火車上對克蕾婷說：「我今天翹班……搭火車去蒙托克。我不知道為什麼。我不是個衝動的人。」蒙托克一詞仍淹沒在他們兩人的潛意識深處——他們之間還有一條無意識的線相連，尚未抹去。然而，因為所有意識層面的記憶都被消除，他們對彼此並沒有明確的記憶。他們的確是（不）完美的陌生人，就像是第一次在火車上遇見一樣[28]。

不過，一旦上了火車，他們就透過內隱的程序性記憶，不可思議地互相吸引又互相排斥。一個更深層次的隱密吸引因子從他們兩人個別未解決的內隱與程序性童年記憶中衍生出來——這種無意識的意象（刻印或印記）源自於童年早期與父母之間的依附關係，以及其他童年與青少年時期的發展創傷。大部分治療師都會在個案身上觀察到這種移情的困惑，例如會選擇與父母相像的伴侶，或是把伴侶變成了父母。

保羅・艾克曼說明得巧妙：「這就像我們很多人都帶著一個劇本，只要有機會的話，我們就會不斷將這個劇本投射在各種情境上。我們像電影導演在選角那樣，將不同的角色分配給自己遇到的人，好讓同樣的劇本一次又一次重演。就像心情一樣，情緒的劇本讓我們對世界產生誤解。」[53]後來觀眾發現，喬爾的尷尬笨拙有很大部分來自童年遭受的霸凌嘲笑與母親因為歇斯底里而無法盡到職責。同時，克蕾婷對自己的外表抱持著極大的不安全感，這從她與洋娃娃之間的關係可以看出。明顯地，他們遭受遺棄與難以承受的童年所產生的缺陷（編碼成為趨近／迴避的程序性記憶），正是一塊讓他們倆互相吸引又互相排斥的磁石，以至於關係陷入進退兩難的矛盾死結。亂成一團的網無盡地糾纏，拉得越來越緊，直到之間的張力卡死，讓人無法承受，兩人似乎別無選擇，只能將對方從自己的記憶庫中消除。但不幸的是，雖然身不由己，他們還是必須為這項魔鬼交易付出代價。

我們大多數人在掙扎（而喬爾和克萊門汀開始了解）的是，無法在自己尚處於深度創傷狀態時，與他人建立有效的關係。因為對自我的認知薄弱，我們會從他人的鏡像尋找自己的身分認同，正如我們也曾在父母的眼中尋找過。背負著所有的負擔與撕裂的傷痛，我們會受到看似安全的港灣與他人懷抱的滋養所吸引——而對方反過來也在我們身上尋求同樣

㉘ 這讓人想起達馬西歐的患者大衛（第三章）。在這裡，大衛受到之前友善的「祕密幫手」所吸引，並遠離那些不友善的人，而且永遠都不記得他們。

的安慰。這種對「神奇他者」[54]的投射是一種（不恰當的）適應性策略，最終只會因為失望與相互指責而爆炸或崩潰。這就是發生在喬爾與克蕾婷身上的事。也就是說，除非他們最後有機會有意識地吸收投射，並學習看到彼此的真正面貌，而不只是當成自己父母與苦惱過去印記的替代品，才能有所改變。事實上，即使克蕾婷與喬爾沒有再次相遇，他們還是一定會找到其他能夠互補的參與者來填補這些角色。他們還是一定會被未解決的情緒與程序性印記驅動，進入未被滿足與創傷童年的深淵。如果不從情緒錯誤中吸取教訓，我們注定會無止盡地與被迫相遇的人重複著過去。有多少浪漫愛情與婚姻是從「幸福」開始，卻以前任情人暗自希望能將對方從記憶庫中抹去告終？

最後讓克蕾婷與喬爾再次一起重新展開生活，是因為他們拿到了「記憶檔案」與問診錄音帶。錄音帶（由被蔑視的診所助理瑪莉提供）記錄了兩人所有的相處細節：他們互相的吸引與厭惡，他們的怨恨、投射與內射。舉例來說，其中一捲錄音帶裡，克蕾婷對喬爾說：「我不是一個概念……有太多人認為我是一個概念，或者我與他們互補，或者我能夠讓他們充滿活力，但我只是個生活一團糟的女孩，一直在尋找自己的內心平靜。不要以為我會屬於你。拜託。」

喬爾與克蕾婷起初不願意重新接觸彼此，但漸漸他們覺察到能夠利用能量滿滿的資訊，會是個影響多大的機會。他們意識到從錯誤中學習的可能性，並能藉此超越童年的痛苦、自身的偏見與矛盾的困境。此一即時的機會與出口，讓他們得以邁向接受、欣賞與熱情，因為他們有著自由並完整接受自我與（做為他者）彼此相愛的潛力。這就是尼采與波普說錯，而桑塔亞納說對的地方！如果沒有連貫的記憶，我們就無法戰勝自己的錯誤——我們注定只能重蹈覆轍。

喬爾與克蕾婷的記憶應該已經完全抹去，那究竟是還留著什麼驅使他們走向對方呢？的確，為什麼曾被叔叔虐待的女性，會繼續被暴力男吸引，即使她甚至對原本遭受的侵害沒有具體的印象？如果她要恢復對叔叔的記憶，同時服用記憶消除藥物（並回想充滿情緒的記憶），那麼就會像喬爾與克蕾婷一樣，透過潛在的程序性記憶，忍不住被犯行者所吸引。就像在電影《王牌冤家》中，記憶消除可能會造成可怕的結果，個人註定會重複他們痛苦的錯誤，但並未從有意識地反思與學習中獲益。除非恢復了那些曾經不想要的記憶，喬爾與克蕾婷沒有能力形成一個能夠連貫結合過去、現在與未來的嶄新內在敘事。

在同樣這部具有先見之明的電影中，我們還看到了如何將記憶消除用於惡意目的。霍華德博士曾經與助理瑪莉發展出一段戀情。後來他（在瑪莉不知情的狀況下）在忘情診所消除了她對這段戀情的記憶。瑪莉是在被醫師的妻子抓到再次成功「引誘」其丈夫時，才又重新了解這段歷史。醫師的妻子提醒自己花心的丈夫「放過這個孩子」，並讓她知道自己曾被消除記憶與強迫性重複的祕密。

記憶消除還有其他潛在的惡意用法。這些方式並非虛構，而且很有可能發生，尤其是這些消除藥物最終會跟草藥威而鋼一起找到路子，在網際網路驅動的黑市中蔓延。舉例來說，我的一名學生尼爾．溫布拉特（Neil Winblatt），在一篇文章的部落格討論提出了以下場景。在這個畫面中，想像你被摯友的妻子所吸引。你們一起在當地的酒吧喝酒，你引導摯友講述與妻子共度的所有美好回憶。但是，在他不知情的狀況下，你在他的酒裡下了一種消除記憶的藥。下週，同樣的酒吧裡，你挑起對方妻子所有缺點的話題，然後這次下的是增強記憶的藥。想想看，他所有美麗的回憶都被消除，如此脆弱的狀態讓他非常容易被負面記憶淹沒。記憶消除與記憶增強的結合運用，給了你（壞人）操控局勢的絕佳機會，創造自己的優勢，取得與摯友曾經深愛但現在厭惡的妻子浪漫接觸的管道。

不過，讓我們回到記憶消除去人性化的層面。因為記憶研究獲得諾貝爾獎的艾瑞克．

肯德爾（Eric Kandel），曾被問道是否希望消除任何痛苦的記憶。雖然其中許多記憶都是關於童年時大屠殺期間難以想像的痛苦，但他的答案可能會讓人感到驚訝：

> 增強記憶對我來說沒有難度。消除記憶更為複雜……進入你的大腦剔除一段不幸的愛情經驗，這不是個好主意。你知道，最終我們就是我們自己。我們都是自己經歷的一部分。……我是否希望維也納【大屠殺】的經驗從我身上剔除？不希望！很可怕沒錯，但這個經驗塑造了你[55]。

消除痛苦記憶讓人感到失去力量的原因，在於痛苦往往是我們最有力的老師。成熟就是從錯誤與掙扎中學習。事實上，真正的智慧無法憑空得來。丹麥語中有一個美妙的詞彙與這個過程特別相關：Gennemleve，大概可以翻譯為：「將一件事經歷到完成，在過程中保持覺察與連結，接著，最後，與之和平共處。」

大型製藥公司已經在推動記憶消除藥物的研究（以消除患者的害怕與恐懼症為目標），我們沒有理由認為他們不會花上數億（甚至數十億）美元來製造與行銷這些產品。可以預見的是，美國國會將受到遊說以確保監管限於最小範圍，電視與網際網路的廣告會鋪天蓋地——儘管有著副作用與濫用的可能。千萬不要低估或忽視政治與經濟利益大規模操控的可能性。

在赫胥黎（Aldous Huxley）的小說《美麗新世界》中，政府用一種苯二氮平／百憂解的混合藥物來操控人民，這種名為「SOMA」的藥物可以有效安撫群眾。詭計多端的政客提起他們希望能忘記或增強的記憶，人們便想到大規模使用記憶消除藥物，不由得恐懼而顫慄。這是科幻小說嗎？也許在二十世紀是，但在二十一世紀絕對不是。或許，記憶消除也暗示了人類文化傾向於懶惰，希望單是使用藥物就能解決問題，不管是抗憂鬱劑、興奮劑、抗焦慮或安眠藥物等，而不是透過喚起我們自身的創造力來產生自我調節與恢復的能力。

就消除過程而言，最讓人擔心的是，對於多重記憶系統之間的本質、功能或關係，沒有普遍的理解：外顯（陳述性與情節）與內隱（情緒與程序性）。事實上，正如《王牌冤家》顯示，最大的問題是，所謂的「成功」很大程度存在於消除大部分陳述性、情節與情緒記憶，但程序性記憶卻完好無缺，盤據潛伏，準備好在最微小的（無意識）觸發或挑動下重中自己的主張。我們可以消除遭受侵害的記憶，但如果缺少充分的整合與恢復能動性，在未來遇到類似情況時，能夠有效反應的能力還是會持續減弱。沒有了這種能力，我們可能會莫名被捲入危險的狀態與重複的關係失敗，而這些問題本來是可以透過人際覺察來解決，然後與新的技能、反思與力量整合起來。即使我們能夠刪除程序性記憶，我們也可能無意間創造出不具防衛能力的個體，他們與自己的本能脫鉤，錯誤地趨近危險的事物，並迴避有益的事物。這種缺乏定向，同時困惑於趨近與迴避之間，是我們常會在受到騷擾與侵害的倖存者身上見到的狀態。

不管是否願意，在跳入記憶消除的美麗新世界之前[29]，我們得承認，不好好注意創傷記憶的複雜機制，可能會是災難的預兆。另一方面，讓臨床醫師與科學家一起建立合作與信任的氛圍，有助於提供創傷記憶更全面的理解，進而減少不必要的痛苦。

---

[29] 應該指出的是，有些藥理學方法不是試圖消除記憶，而是試圖透過降低血壓類的藥物減輕急性壓力。（參見皮特曼等人〈急性創傷後心律錠針對創傷後壓力症候群與劇本驅動意象生理反應的影響〉《CNS 神經科學與療法》18，第 1 期（2012 年 1 月）頁 21-27。）這些藥物會使用於事故或性侵後送往急診室的傷者（儘管效果有限）。事實上，急診室本身就可能造成創傷。不過，急診室護理師、醫務輔助人員與醫師也可以接受簡單的「情緒急救」覺察與中止啟動技巧的訓練，以及安撫與支持的人際接觸，以幫助人們「渡過」這些緊張狀態。的確值得好好研究！

第九章

代際創傷：陰魂不散

我傾向於相信我們都是鬼……
不只因為從父母身上獲得的遺傳、
在自己身上延續生命，
還包括所有已經逝去的事物……
不只真實地在我們身上存活著，
還長長久久地於此紮根。

——亨里克・易卜生（Henrik Ibsen），《群鬼》

重現可追溯到何時何地？

在我出版第一本書《喚醒老虎》時，在第十三章的最後有一節的標題是「重現可追溯到何時何地？」[56]我在一九九六年代初撰寫到這一章時，創傷會世代相傳的概念，也許不到異想天開，但至少被認為完全不科學。然而，過去幾年的研究不只記錄了這種傳播現象的存在，還證明了其中一部分表觀遺傳、分子與生化的機制。

在一項關鍵的實驗中[57]，老鼠暴露在中性（不是令人愉悅的）的櫻花香味中。這種中性氣味接著會伴隨令人厭惡的電擊。這種組合發生過幾次之後，在沒有電擊的情況下，老鼠也會因為香味單獨出現而恐懼地凍結。一點也不奇怪，這是典型的巴夫洛夫條件（Pavlovian conditioning）反射。不過，這項實驗令人驚訝的是，同樣強烈的條件反射接下來維持了至少五代。換句話說，暴露在櫻花香味中，這些實驗老鼠的曾曾孫也同樣因為恐懼而凍結，彷彿他們自己曾經受到電擊的制約。此外，這些後代老鼠暴露於其他幾種中性氣味時，沒有產生任何反應，就和他們的曾曾祖父情況相同。順帶提及，這種世代相傳的狀況就男系譜系而言更為明顯。

這種排除所有其他味道，只顯著針對特定氣味的條件制約，對人類創傷的傳播具有驚人的影響。舉例來說，我曾與幾位大屠殺倖存者的下一代一起工作，他們在治療期間聞到噁心的燒焦肉味而感到驚嚇。這種驚嚇伴隨著強烈的身體內部反應，包括噁心、恐懼，還有明顯害怕會發生恐怖事件的情緒。事實上，好些個案都非常厭惡這種氣味，以至於他們成了絕對的素食主義者。雖然我的確無法將這個現象當成代際創傷的證據，但人們很難忽視這種嗅覺傳播的重要性，特別是考慮到老鼠實驗的結果。

在一篇以〈創傷傳遍多個世代〉為題的採訪文章中[58]，以色列的創傷研究員查哈瓦・所羅門（Zahava Solomon）在對話結束時回想起自己的家庭歷史。身為大屠殺倖存者的女兒，她描述了自己與父母之間非常正向的關係。她的母親會述說自己與家中手足在那段時間表現出的勇氣，以及查哈瓦的出生帶來了一線希望，還有她面對納粹獲得的勝利。所羅門在採訪結束時說：「據我所知，【我父母的經歷】【只有】以正向的方式影響了我。」然而，「我確實對攻擊挑釁感到不安，也很焦慮。」她另外又補充說明。

瑞秋・耶胡達（Rachael Yehuda）是研究代際創傷（尤其是大屠殺倖存者的子女）神經生物學影響的重要研究人員之一，她證明了這群人在皮質醇濃度與其他焦慮生理指標方面，有著明顯的變化[59]。當然，這些相對非特定的影響，也可能是嬰兒時期遭受不當教養的傳播。不過，從我自己對於大屠殺倖存者子女與孫子女的臨床工作經驗來看，我經常注意並追蹤到廣泛性焦慮與憂鬱的症狀。我也注意到這些個案經常會描述一些十分具體且往往是恐怖的意象、感官與情緒，這些事件看起來相當真實，但又不太可能真的發生在他們身上。我能夠確認這些特定事件中，有許多是個案父母的確實經歷，但不太可能發生在他們的子女身上。然而，這些孩子顯然是身歷其境地體驗了他們父母的創傷記憶。更重要的是，這些父母與祖父母，大部分並未一開始就與他們的孩子分享這些記憶。

一些美洲原住民部落告訴我們，父親的痛苦會往後延續四代人[30]，傳遞給子女，還有子女的子女。事實上，《聖經》似乎也同意這一點，如《出埃及記》第34章第7節所示：「必追討他的罪，自父及子，直到三、四代。」也許，這裡的「罪」是個隱喻，代表猶太人在埃及遭受的奴役創傷，即使他們逃出埃及回到聖地，也無法輕易擺脫。我強烈懷疑許多非裔美國人在廢除奴隸之後，仍然遭受不祥的殘留烏雲所壟罩而痛苦。事實上，現在的美國貧民區依舊缺乏足夠教育機會，以及數百萬的大大小小黑人男性受到鎮壓與大規模監禁，加劇了代際創傷的悲劇延續。

我曾在亞利桑那州的弗拉格斯塔夫遇過一位納瓦霍族的巫醫。他告訴我，在戰爭與社會動盪時期，創傷的代際效應會特別明顯。他分享的例子，是兒童被從自己的家庭、村莊

---

[30] 我相信有些部落說四代，有些部落說七代。在上述的動物模型中，傳播至少持續了五代。

與部落中帶走，轉移到印第安事務局的寄宿學校裡。除了被迫分離與放逐，他們還不斷遭受羞辱，並被剝奪尊嚴、語言，還有任何與部落精神傳承相關的連結。巫醫還描述了一些特別的儀式，是幫助戰士從戰場回到家後，減輕他們創傷的根源，避免傳播給家人與後代。之後他邀請我參加一個強大的儀式，這個儀式在勇敢的「密碼通訊員」從二戰返家時曾舉行過，後來（一九七九年）也提供給歸鄉的納瓦霍越戰老兵。這個重要的成年禮很值得我們學習，應用於歡迎、紀念與「清理」從伊拉克及阿富汗歸來戰士的傷口。

世代內知

我們祖先的歌，
也是我們後代的歌。

——菲利浦・卡爾戈姆（Philip Carr-Gomm），薩塞克斯大德魯伊

要完整討論代際創傷，那麼一定要承認創傷傳播具有一個似乎無法解釋的有趣面向：為了生存需要的資訊傳承。具體來說，我指的是關鍵的，甚至能夠救命的，內隱資訊傳播。這些內隱資訊可以追溯到家庭或部落好幾代前的歷史。

一九九〇年，有人希望我見一下「凱莉」這位年輕女性。她曾歷經過愛荷華州蘇城的空難（導演彼得・威爾依照事件如實拍攝了一九九三年上映的電影《劫後生死戀》）。聯合航空232號班機是一架麥道的DC-10，在一九八九年七月十九日從丹佛飛往芝加哥途中，因為爆炸失去了尾部引擎。這扯斷了所有液壓管道，造成飛機幾乎無法控制。受損的飛機傾斜，並以非常陡峭的角度垂直墜落，失控似乎無可避免。值得注意的是，機長艾爾・海

恩斯（Al Haynes），以及恰好在機上的緊急飛行教官丹尼・菲奇（Denny Fitch），阻止了飛機的失控，並緊急迫降在一個小型地方機場的停機坪。因為迫降的衝擊，飛機爆炸四散。燃燒、碎裂的機身殘骸散落在周圍的玉米田中。凱莉是其中一位幸運的倖存者。她爬過充滿金屬與電線的扭曲迷宮，逃離飛機崩塌的區塊，鑽過一個破碎的出口，回到陽光下。

我們一起進行治療工作時，凱莉回想起引擎的第一次爆炸，極度的恐懼與驚慌在乘客之間蔓延，接著是迫降到停機坪時的衝擊。隨著逐漸專注於身體的感官，她的恐懼大大降低。這使得關鍵的程序性記憶浮現，讓她本能地膝手並用爬向「光點」。然後她回想起聽到父親與祖父大喊著：「不要停！馬上走！往亮處去！在起大火前逃出去！」她聽從了。

凱莉接下來描述的畫面，是坐在停機坪旁的玉米田裡，感受陽光照在臉上的溫暖。在體驗到一股舒緩放鬆的溫暖感覺後，接著她又描述一種有如浪潮般強烈的感激，對於自己還活著的事實，還有父親與祖父向自己拋來的「救生圈」。凱莉的父親與祖父分別在兩次空難中倖存（一次是商業客機，另一次則是軍用飛機）。兩人都是在飛機落地後馬上離開殘骸，才得以死裡逃生。當然凱莉完全有可能聽說過父親與祖父的慘烈事蹟，這些故事也很可能幫助她知道飛機失事後該做些什麼。另一方面，也許她不只記住了這些故事，還讓這些印記烙在她的心靈與身體記憶中。

程序性記憶的直接傳播還可能帶有演化功能，確保在有意識的思考受到限制（如果不會無效）的情況下得以生存。沿著這個思路，非營利組織身體經驗創傷療法協會，二〇〇四年東南亞地震與海嘯之後，在泰國展開工作。許多村民告訴我們的團隊，地震發生時與引發海嘯前，大象與其他的野生動物都逃往地勢較高的地方，許多部落社區也是如此。雖然自上次的大海嘯發生以來，故事流傳了大約三百年，可以為部落成員的逃離提供看似真實的解釋，但我們無法透過神話、傳說或故事的引用，來說明野生動物瞬時的「本能」反應，至少目前我們在語言學方面對這些物種的理解是如此。

身為一名生物科學家，相信演化是改變「必要」的預設機制，我對創傷程序性（身體）記憶跨時空傳播的看法是：創傷的代際傳播在生存相關重要資訊的傳輸與接收上，是一種必要的缺陷與「副作用」。這些資訊可能處於休眠狀態，然後在遭遇類似情況時，突然以深具說服力的程序性記憶方式出現，即使是已經過了好幾個世代——就像是東南亞大海嘯，或是凱莉聽到過世的父親與祖父的聲音後，立即採取行動，爬過碎裂崩塌的機身，來到安全地帶，因此逃離原本註定要被火球燒死的命運。顯然，這些跨世代的提醒拯救了凱莉的生命。

順勢療法早就透過他們對「瘴氣」的理解，認知到這種代際資訊交換。瘴氣指的是具有獨立生命力與傳染力的雲狀物，必須透過影響患者的「能量／資訊場」來進行治療。這些瘴氣似乎會代代相傳。演化生物學家魯伯特・謝德瑞克（Rupert Sheldrake）進行一連串具有啟發性的實驗，結果顯示，透過他所謂的「形態共振」，會產生相似的代際場效應[60][61]。

謝德瑞克一項早期的實驗中，先在澳洲雪梨使用一種品種特殊的老鼠進行迷宮訓練，然後再用相同品種的老鼠在紐約的克菲勒實驗室進行同樣的迷宮訓練，（紐約的老鼠完全是在紐約出生、長大，並且沒有在兩個洲之間經過運輸轉移）。令人驚訝的是，紐約老鼠學習迷宮路徑的速度，統計起來明顯更快。當然，現在可以說紐約的一切的確很快。不過，將實驗反過來，紐約的老鼠先走迷宮，就變成澳洲老鼠占了優勢。如果生物層面的老鼠學習簡單的迷宮，就呈現出如此明顯的效應，那麼人類之間跨時空傳播情緒上重要生存資訊的這件事，特別是在發生飛機失事、海嘯或戰爭等動盪時，似乎在臨床上的相關性就可能更大。

代際傳播具有令人信服的可能性，我們不能也不應該忽視。雖然主流科學往往不太看重謝德瑞克的發現，因為不符合已知的範式，但還是應該注意到，他成功地進行了許多同類型的實驗，並得到相似結果。此外，有一群贊助者提供了巨額獎金，徵求任何能夠推翻這些實驗結果的人。到目前為止，這筆錢還沒有人能拿走。

現在，讀者與探索的同伴，我將把進一步的解釋留給影集《陰陽魔界》（*The Twilight Zone*）及其編劇羅德・塞林（Rod Serling），但也還是會想知道創傷衝擊（traumatic shock）的模式究竟能在時空上延伸到多遠，而戰爭、迫害、肅清與其他災難性事件為何會重複發生，並經常具有驚人的規律性。發現這些創傷限定的「資訊包」如何成為印記，也就是程序性與情緒記憶，代代相傳下去，是一項令人畏懼的神祕重要「業力」，要留給未來的後代思考。

後記

記憶的科學發展已經非常清楚地顯示，我們將記憶理解為固定實體的「常識」，根本上就是錯誤。此外，在回想起某個經驗的刻印（印記）時，我們會發現這些記憶不論好壞，都會在我們一生的過程中不斷變化，內容與結構都會改變。

所以，在理解與治療創傷方面，記憶究竟扮演怎樣的角色？也許我們可以從神話永恆的智慧中獲得指引。伊西斯與歐西里斯的古埃及傳說，特別反映出明智的見解。在這個具有引導性的故事中，我們發現敵人謀殺並肢解了偉大的國王歐西里斯，將他的屍體切成碎片，並把這些碎片埋在王國各個偏遠角落。然而，伊西斯因為自己對歐西里斯熾熱的愛，不斷努力直到找到所有的身體碎片，並將這些「成員」重新拼在一起。透過這個復活儀式，伊西斯「記住」（re-member，記得之意，re- 是重新，member 是成員，因此也可視為「將成員重新組合在一起」的意思）了歐西里斯。

追蹤研究受到創傷者表現出各種不同症狀、殘破的碎渣與片段，還有症狀與徵候，發現可以用來啟動療癒過程的線索。為了理解這些症狀，我們需要認知到一個人陷入恐懼而凍結時，身體與大腦究竟發生了什麼。其中許多症狀可以理解成代表經驗中脫離肉體的部分，未完成的身體感官在過去淹沒了這些人，就像歐西里斯被屠殺的屍塊一樣，已被肢解成分離的碎片。著重於將這些雜亂無章的感官「重新組合在一起」的治療，與埃及神話中的伊西斯女神將丈夫歐西里斯脫離肉體的部分做的事情一樣──從敵人埋藏的地方將碎片挖掘出來，然後象徵性地將碎片拼成一個連貫的有機體。她「記住（重新組合）」了他。這種做法是溫柔地哄騙人們去開始感受並忍受曾經淹沒他們的感官，好讓創傷記憶得以整合、重新連結與轉化。

最後，正如亨利・沃德・比徹（Henry Ward Beecher）傳言中所說：「降臨在我們身上的苦難，不是為了讓我們悲傷，而是想要我們清醒；不是為了讓我們後悔，而是給予我們智慧。」我的結論是，希望治療工作能夠多多少少增進我們的集體智慧，幫助我們理解如何與痛苦的記憶及感受和平共處。

參考資料

第一章

1. Engrams are the physical or chemical imprints that memories leave on the brain. For example, see X. Liu, S. Ramirez, P. T. Pang, C. B. Puryear, A. Govindarajan, K. Deisseroth, and S. Tonegawa, "Optogenetic Stimulation of a Hippocampal Engram Activates Fear Memory Recall," Nature 484, no. 7394 (March 2012): 381–85, doi: 10.1038/nature11028.
2. Bessel A. van der Kolk and Onno van der Hart, "Pierre Janet and the Breakdown of Adaptation in Psychological Trauma," American Journal of Psychiatry 146, no. 12 (December 1989): 1530–40.
3. Pierre Janet, L'automatisme psychologique: Essai de psychologie expéri-mentale sur les formes Inférieures de l'activité humaine (Paris: Société Pierre Janet/Payot, 1973).
4. Jon D. Levine, H. Gordon, and H. Fields, "Analgesic Responses to Morphine and Placebo in Individuals with Postoperative Pain," Pain 10, no. 3 (June 1981): 379–89.
5. B. van der Kolk, M. S. Greenberg, H. Boyd, and J. Krystal, et al., "Inescapable Shock, Neurotransmitters, and Addiction to Trauma: Toward a Psychobiology of Post-Traumatic Stress, Biological Psychiatry 20, no. 3 (March 1985): 414–25.
6. Bessel van der Kolk, The Body Keeps the Score: Brain, Mind, and Body in the Healing of Trauma (New York: Viking, 2014).
7. William Saletan, "Removable Truths: A Memory Expert's Indestructible Past," Slate.com, May 25, 2010.

8. William Saletan, "The Future of the Past: Cleansing Our Minds of Crime and Vice," Slate.com, June 2, 2010.

9. Ibid.

第二章

10. N. S. Clayton and A. Dickinson, "Episodic-like Memory during Cache Recovery by Scrub Jays," Nature 395 (September 1998): 272–44.172 Trauma and Memory

11. T. Suddendorf, "Foresight and Evolution of the Human Mind," Science 312, no. 5776 (May 2006): 1006–1007.

12. Henry Krystal, Integration and Self-Healing: Affect—Trauma—Alexithymia (Mahwah, NJ: The Analytic Press, 1988).

第三章

13. Antonio Damasio, Descartes' Error: Emotion, Reason, and the Human Brain (New York: Penguin, 2005).

第四章

14. Katherine Whalley, "Neural Circuits: Pain or Pleasure?" Nature Reviews Neuroscience 16, 316 (2015), doi: 10.1038/nrn3975.

15. Stephen W. Porges, The Polyvagal Theory: Neurophysiological Foundations of Emotions, Attachment, Communication, and Self-Regulation (New York: W. W. Norton, 2011).

16. Peter A. Levine, "Accumulated Stress Reserve Capacity and Disease" (PhD thesis, University of California, Berkeley, 1977).

17. Peter A. Levine, In an Unspoken Voice: How the Body Releases Trauma and Restores Goodness (Berkeley, CA: North Atlantic Books, 2010).

第五章

18. Peter A. Levine, In an Unspoken Voice: How the Body Releases Trauma and Restores Goodness (Berkeley, CA: North Atlantic Books, 2010), Chapter 12.

19. Peter Payne, Peter A. Levine, and Mardi A. Crane-Godreau, "Somatic Experiencing: Using Interoception and Proprioception as Core Elements of Trauma Therapy," Frontiers in Psychology, February 4, 2015, http://journal.frontiersin.org/Journal/10.3389/fpsyg.2015.00093/. This article is highly recommended reading.

20. Ibid.

21. Josef Parvizi, Vinitha Rangarajan, William R. Shirer, Nikita Desai, and Michael D. Greicius, "The Will to Persevere Induced by Electrical Stimulation of the Human Cingulate Gyrus," Neuron 80, no. 6 (December 2013): 1359–67.Endnotes 173

22. Francisco Sotres-Bayon, David E. Bush, and Joseph E. LeDoux, "Emotional Perseveration: An Update on Prefrontal-Amygdala Interactions in Fear Extinction," Learning and Memory 11, no. 5 (September-October 2004): 525–35.

23. Peter Payne and Mardi A. Crane Godreau, "The Preparatory Set: A Novel Approach to Understanding Stress, Trauma, and the Bodymind Therapies," Frontiers in Human Neuroscience, April 1, 2015, http:// journal.frontiersin.

org/article/10.3389/fnhum.2015.00178/abstract.

24. Markus Gschwind and Frabienne Picard, “Ecstatic Epileptic Seizures—The Role of the Insula in Altered Self-Awareness,” Epileptologie 31 (2014): 87–98.

25. A. D. Craig, “How Do You Feel? Interoception: The Sense of the Physiological Condition of the Body,” Nature Reviews Neuroscience 3, no. 8 (August 2002): 655–66.

26. H. D. Critchley, S. Wiens, P. Rotshtein, A. Ohman, and R. J. Dolan, “Neural Systems Supporting Interoceptive Awareness,” Nature Neuroscience 7, no. 2 (February 2004):189–95.

第六章

27. Inhaling high concentrations of carbon dioxide can stimulate such primal suffocation panic, causing intense terror even in people without an amygdala (the so-called fear center of the brain). See Justin S. Feinstein, et al, “Fear and Panic in Humans with Bilateral Amygdala Damage,” Nature Neuroscience 16, no. 3 (March 2013): 270–72.

28. Peter A. Levine, “Stress,” in Michael G. H. Coles, Emanuel Donchin, and Stephen W. Porges, Psychophysiology: Systems, Processes, and Applications (New York: The Guilford Press, 1986).

29. Peter Payne, Peter A. Levine, and Mardi A. Crane-Godreau, “Somatic Experiencing: Using Interoception and Proprioception as Core Elements of Trauma Therapy,” Frontiers in Psychology, February 4, 2015, http://journal.frontiersin.org/Journal/10.3389/fpsyg.2015.00093/.

30. David J. Morris, “After PTSD, More Trauma,” Opinionater (blog), New York Times, January 17, 2015.

31. Lee Jaffe, How Talking Cures: Revealing Freud’s Contributions to All Psychotherapies (London: Rowman &

Littlefield, 2014), 19.

32. Freud, quoted in Salman Akhtar, ed., Comprehensive Dictionary of Psychoanalysis, (London: Karnac Books, 2009), 1.174　Trauma and Memory

33. Josef Breuer and Sigmund Freud, Studies on Hysteria, “Notes from the Editor,” trans. and ed. James Strachey (New York: Basic Books, 2000).

34. Bent Croydon, L. Ron Hubbard: Messiah or Madman? (Fort Lee, NJ: Barricade Books, 1987).

35. J. Wolpe, “Reciprocal Inhibition as the Main Basis of Psychotherapeutic Effects,” Archives of Neurology and Psychiatry 72, no. 2 (August 1954): 205–26.

36. Peter A. Levine, In an Unspoken Voice: How the Body Releases Trauma and Restores Goodness (Berkeley CA: North Atlantic Books, 2010).

37. Peter Payne, Peter A. Levine, and Mardi A. Crane-Godreau, “Somatic Experiencing: Using Interoception and Proprioception as Core Elements of Trauma Therapy,” Frontiers in Psychology, February 4, 2015, http:// journal.frontiersin.org/Journal/10.3389/fpsyg.2015.00093/.

第七章

38. Peter A. Levine, Sexual Healing (Transforming the Sacred Wound) (Louisville, CO: Sounds True, 2003).

39. Peter A. Levine, In an Unspoken Voice: How the Body Releases Trauma and Restores Goodness (Berkeley, CA: North Atlantic Books, 2010). See also Levine, Healing Trauma: A Pioneering Program for Restoring the Wisdom of Your Body (Louisville, CO: Sounds True, 2008).

40. Peter Payne, Peter A. Levine, and Mardi A. Crane-Godreau, "Somatic Experiencing: Using Interoception and proprioception as Core Elements of Trauma Therapy," Frontiers in Psychology, February 4, 2015, http:// journal.frontiersin.org/Journal/10.3389/fpsyg.2015.00093.

第八章

41. Very recent studies have shown how associational learning takes place at the level of a single neuron; for example between (the picture of) a face and a location. See Matias J. Ison, Rodrigo Quian Quiroga, and Itzhak Fried, "Rapid Encoding of New Memories by Individual Neurons in the Human Brain," Neuron 87, no. 1 (July 2015) 220–230. doi: http://dx.doi .org/10.1016/j.neuron.2015.06.016

42. Eric R. Kandel, In Search of Memory: The Emergence of a New Science of Mind (New York: W. W. Norton & Company, 2007).

43. K. Nader and E. O. Einarsson, "Memory Reconsolidation: An Update," Annals of the New York Academy of Sciences 1191 (March 2010) 27–41. doi: 10.1111/j.1749-6632.2010.05443.x.Endnotes 175

44. Jonah Lehrer, "The Forgetting Pill Erases Painful Memories Forever," Wired.com, February 17, 2012. http://www.wired.com/2012/02/ff_forgettingpill/

45. Ibid.

46. Chuck Hustmyre and Jay Dixit, "Marked for Mayhem," PsychologyToday.com, January 1, 2009. https://www.psychologytoday .com/articles/200812/marked-mayhem

47. Richard J. Mcnally, "Psychological Debriefing Does Not Prevent Posttraumatic Stress Disorder," Psychiatric Times, April 1, 2004. www .psychiatrictimes.com/ptsd/psychological-debriefing-does-not-prevent -posttraumatic-

stress-disorder-0.

48. David J. Morris. "Trauma Post Trauma," Slate.com, July 21, 2015. http://www.slate.com/articles/health_and_science/medical_examiner /2015/07/prolonged_exposure_therapy_for_ptsd_the_va_s_treatment_has _dangerous_side.html

49. Bessel A. van der Kolk, "The Compulsion to Repeat the Trauma, Re-enactment, Revictimization, and Masochism," Psychiatric Clinics of North America 12, no. 2 (June 1989): 389–411.

50. For a full description of this type of approach see Peter A. Levine, In an Unspoken Voice: How the Body Releases Trauma and Restores Goodness (Berkeley, CA: North Atlantic Books, 2010)

51. Edward G. Meloni, Timothy E. Gillis, Jasmine Manoukian, and Marc J. Kaufman, "Xenon Impairs Reconsolidation of Fear Memories in a Rat Model of Post-Traumatic Stress Disorder (PTSD)" PLoS One 9, no. 8 (August 27, 2014), doi: 10.1371/journal.pone.0106189.

52. Tomás J. Ryan, Dheeraj S. Roy, Michele Pignatelli, Autumn Arons, and Susumu Tonegawa, "Engram Cells Retain Memory Under Retrograde Amnesia," Science 348, no. 62387 (May 29, 2015): 1007–1013, doi: 10.1126/science.aaa5542.

53. Paul Ekman, Emotional Awareness: Overcoming the Obstacles to Psychological Balance and Compassion (New York: Times Books, 2008), 75.

54. James Hollis, The Eden Project: The Search for the Magical Other (Toronto, ON, Canada: Inner City Books, 1998).

55. Eric Kandel, interview by Claudia Dreifus. "A Quest to Understand How Memory Works," New York Times, 5 March 2012. http://www .nytimes.com/2012/03/06/science/a-quest-to-understand-how-memory -works.html?_r=0.176 Trauma and Memory

第九章

56. Peter A. Levine, Waking the Tiger: Healing Trauma (Berkeley, CA: North Atlantic Books, 1997).

57. B. G. Dias and K. Ressler, "Parental Olfactory Experience Influences Behavior and Neural Structure in Subsequent Generations," Nature Neuroscience 17 (2014): 89–96.

58. New Scientist, February 7–13, 2015. http://www.newscientist.com /article/mg22530070.200-trauma-of-war-echoes-down-the-generations .html.

59. Rachel Yehuda, et al., "Phenomenology and Psychobiology of the Intergenerational Response to Trauma," in Yael Danieli, Intergenerational Handbook of Multigenerational Legacies of Trauma (New York: Plenum, 1998).

60. Rupert Sheldrake, The Presence of the Past: Morphic Resonance and the Habits of Nature, 4th ed. (London: Park Street Press, 2012).

61. Rupert Sheldrake, Morphic Resonance: The Nature of Formative Causation, 4th ed. (London: Park Street Press, 2009).

HEART
心|視野　心視野系列 137

記憶裡的傷，要如何好起來？

TRAUMA AND MEMORY: BRAIN AND BODY IN A SEARCH FOR THE LIVING PAST: A PRACTICAL GUIDE FOR UNDERSTANDING AND WORKING WITH TRAUMATIC MEMORY

作　　　者　彼得・列文（Peter A. Levine, PhD）
譯　　　者　徐曉珮
封 面 設 計　Dinner
內 文 排 版　許貴華
責 任 編 輯　洪尚鈴
行 銷 企 劃　蔡雨庭・黃安汝
出版一部總編輯　紀欣怡

出　版　者　采實文化事業股份有限公司
業 務 發 行　張世明・林踏欣・林坤蓉・王貞玉
國 際 版 權　施維真・劉靜茹
印 務 採 購　曾玉霞・莊玉鳳
會 計 行 政　李韶婉・許俽瑀・張婕莛
法 律 顧 問　第一國際法律事務所　余淑杏律師
電 子 信 箱　acme@acmebook.com.tw
采 實 官 網　www.acmebook.com.tw
采 實 臉 書　www.facebook.com/acmebook01

I S B N　978-626-349-621-7
定　　　價　420 元
初 版 一 刷　2024 年 4 月
劃 撥 帳 號　50148859
劃 撥 戶 名　采實文化事業股份有限公司
104 台北市中山區南京東路二段 95 號 9 樓
電話：(02)2511-9798　　傳真：(02)2571-3298

國家圖書館出版品預行編目資料

記憶裡的傷，要如何好起來？/ 彼得．列文 (Peter A. Levine, PhD) 著；徐曉珮譯．-- 初版．-- 臺北市：采實文化事業股份有限公司，2024.04

256 面；14.8×21 公分．--（心視野；137）

譯　自：Trauma and memory : brain and body in a search for the living past : a practical guide for understanding and working with traumatic memory

ISBN 978-626-349-621-7(平裝)

1.CST: 心理創傷 2.CST: 心理治療 3.CST: 記憶

178.8　　113003514